ちくま新書

帝国化する日本

——明治の教育スキャンダル

長山靖生
Nagayama Yasuo

1357

帝国化する日本——明治の教育スキャンダル【目次】

序　「一等国」の停滞と焦り　007
追いついた後の憂鬱／事件としての「正しい教育」

第一章　国民皆教育と教科書疑獄事件——国定教科書への道　013

1　功利的誘導と道徳の矛盾　014
近代教育のはじまり／身分別教育から国民皆教育へ／明治前期初等教育の実態／道徳教育の欠如を憂慮した明治天皇／教育勅語の伝播と神聖化

2　教科書会社による贈賄疑惑　026
教科書制度の変遷／教科書選定システム改革の動き／国定教科書化に消極的だった菊池大麓／熾烈な教科書売り込み合戦／学歴と出世が結びついた時代／疑獄事件の前哨戦——金港堂事件

3　教科書疑獄事件と国定化断行　038
明治三十五年の教科書疑獄事件／断行された国定教科書への切り替え／事件の発端／山田禎三郎

の数奇なその後――中ノ鳥島の「発見」／国定教科書は何を教えたか――二宮金次郎の扱い／取り上げられなかった偉人たち／「国交」教材の変転／国際平和から日本の主張へ

第二章 哲学館事件――倫理学と国民道徳の分離 063

1 井上円了の教育事業 064
高等教育における官学と私学の格差／仏教界初の学士・井上円了／啓蒙活動としての出版事業／哲学館の発足と発展／中等学校教員資格獲得への道

2 事件の経緯 077
問題視された出題と答案／視学官と倫理学者の「職責上の目的」のズレ／火に油を注いだ中島の反論／「山嵐」対「坊っちゃん」の対立／ジャーナリズムの関心、割れる世論／不在だった井上円了、対応への迷い

第三章 南北朝正閏論争――五人の天皇が消された教育事件 101

1 論争の歴史的経緯 102

二十世紀に巻き起こった正閏論争／『神皇正統記』『梅松論』『太平記』／『太平記』は南朝寄りの史観か？／論争以前の教科書記述
2　政治問題化と世論の沸騰　113
代議士による衆議院での質問予告／辞職演説／吉田東伍の懸念、牧野謙次郎の反発／メディアを席巻した南朝贔屓の言説
3　政界の騒乱　130
弾劾する犬養毅、冷ややかな原敬／山県有朋の憂鬱／鷗外担ぎ出し工作／勅裁による決定／事件の仕掛け人・峰間鹿水／国家社会主義への予兆
第四章　進化論と国家思想――イデオロギーと科学が対立する時　153
1　進化論の移入　154
進化論の何が問題なのか／モースによる進化論紹介と社会進化論の浸透／優生思想と進化論
2　加藤弘之――天賦人権から進化論的帝国へ　163
「転向」の生涯／開明的な提案／天賦人権説から優勝劣敗論への転向／「進化学」に基づく日本勝利の理論／進化論による国体思想称揚／キリスト教批判が天皇制批判を引き出す

3　進化論のその後の展開　182
丘浅次郎――進化・エスペラント・共和国／進化論から優生学へ／愛国化する科学――消えた発見、虚偽の発見／愛国心による本物の発見

第五章　若旦那世代の欲望――贅沢化と日本回帰　195

1　享楽的な大正青年　196
教育改革と帝国化する日本／教養、帝劇、三越／危険な高等遊民、危険な洋書／「大正青年」という若旦那／束の間の文化的消費、享楽的生活

2　幻想の故郷・日本への回帰　218
セーヌ川幻視と南蛮趣味と架空の故郷／空想のなかの「美しい国」／自己肯定のファンタジーへ

あとがき、あるいは大日本帝国の分水嶺　229

主要参考文献　234

序　「一等国」の停滞と焦り

†追いついた後の憂鬱

「明治の日本」には急激な近代化を達成した輝かしい時代というイメージがある。たしかに明治初期には廃藩置県、四民平等、廃刀令などが矢継ぎ早に実施された。身分制度が廃され、誰もが努力次第で立身できるようになったのは画期的だった。とはいえ薩長藩閥など維新に功績のあった勢力には特典や引きによる優遇があり、華族や士族といった家格や格差も残されたので、全廃されたとはいえない。それでも江戸時代に比べたら違いは明確だった。なかでも職業選択の自由が認められたことは大きかった。さらに学校制度が整えられ、能力や学識を背景としての出世が、あらゆる身分の者に認められた。競争する権利の獲得、学ぶ権利の獲得は、多くの国民にとって希望だった。

しかし社会の発展変革には、光の面だけでなく影も伴う。

幕末維新の動乱から約四十年、二十世紀初頭の日本は、曲がりなりにも「近代国家」としての体裁を整えるに至った。憲法を制定し、議会を開設し、日清、日露の二回の対外戦争に勝利した。ことに日露戦争は、近代になってはじめて黄色人種の国家が白人の大国に勝利した戦争であり、世界史の転換点となる出来事であった。これ以降、日本では「一等国」という言葉がしきりに使われるようになった。

しかし日露戦争では賠償金は得られず、膨大な外債と増税で国家・民間ともに財政は疲弊していた。一等国日本という肩書きは、かなり無理した背伸びでかろうじて獲得したものにすぎず、その内実は空疎だった。

夏目漱石は郊外に安普請の拡張を続ける東京の光景を「敗亡の発展」と呼んだ。また「日本は西洋から借金しなければ、到底立ち行かない国だ。それでいて、一等国を以て任じている。（中略）奥行きを削って、一等国だけの間口を張っちまった。なまじい張れるから、なお悲惨なものだ」とも書いている。実際、明治末期（一九一〇年前後）の近代日本は大きな転換点を迎えていた。それは黒船のように外部から訪れた衝撃ではなく、維新以来の目標達成の結果生じた停滞であり、国民一丸となれる目標喪失による行き詰まりだった。

まず達成とは、大国ロシアに勝利して南下政策の圧力が除かれ、欧米諸国から対等な文明国として遇されるようになったことである。日本は一九一〇年に韓国を併合し、翌一一年には幕末以来の念願だった不平等条約の完全撤廃を成し遂げた（つまり韓国併合時の日本は、まだ欧米に対してはまだ完全な自主独立を回復していなかった）。その一方で、無理な軍備増強によって外債は膨らみ、国家財政はすでに危機的な状況にあった。

政党内閣は軍備縮小を試みるが上手くいかない。軍部の反発に加え、民衆も増税を嫌う一方、緊縮財政や軍備縮小には反対だった。景気が悪くなるからだ。そうでなくとも不景気なのだ。この時代には、すでに高学歴者の就職難が問題になり「高等遊民」という言葉も生まれていた。ぶらぶらしている若者を、大人たちは「失業者」ではなく「怠け者」「贅沢な連中」とみなし、問題の本質はどちらの世代からも避けられる傾向があった。

見落としてはならないのは、日本の「帝国化」は上からの圧力ばかりでなく、下からの権利拡張願望によっても推進されたという点だ。それはおそらく政府にもコントロール不能の事態だった。贅沢化した世代、消費欲求を刺激された大衆は、権利意識に目覚めていくが、それはデモクラシー運動、労働運動などとして顕在化する一方、海外利権への欲望にも向かっていた。だが、後者の危険性に関する政府の認識は薄かった。何しろそれは政府の願望でもあった。

大正時代には護憲運動以降、政党内閣が成立して曲がりなりにも議会中心の政治が行われ、デモクラシーが進んだかに見えた。だがその一方で、学校教育（特に初等・中等教育）の内容は国家の権威を高める方向へと強化され、帝国主義的なメンタリティが大衆レベルにも急速に浸透していた。近代日本では都市部を中心に次第に高学歴化が進んでいったが、それはあくまで限定的なものに過ぎず、明治末期（二十世紀初頭）になっても小学校しか出ていない者も少なくなかった。

また旧制中学校レベルでも、国史教育は皇室中心の史観で貫かれていた点は同様だった。大学にまで進んで歴史学を専攻するのでなければ、特定の歴史観を離れて原史料そのものを精読したり、付き合わせたりしながら史実を相対的に明らかにしていくといった思考を、体系的に身につける機会はなかった。教育におけるこうした実証主義的な思考力育成の欠如が、やがて昭和恐慌以降の急激な国家主義化につながる大きな要因のひとつだったと私は考えている。

二十世紀初頭の教育改革が、それでは帝国体制強化のために体系的に意図され、仕組まれたものだったのかというと、必ずしもそうとはいえない。むしろ民権政党が、藩閥政府を批判するために、政府以上の「勤皇」論を唱えて教科書の「不祥事」を批判攻撃することもあった。各人がその時々の自身の立場や時勢に流されてことを進めていくうちに、そのような仕儀になったようにも思える。いずれにせよこれらの事件を通して、政府は学校における修身教育や歴史教育の内容を強く統制し、場合によっては歴史的事実そのものよりも国策的道徳観を優先するという姿勢をあらわにしていったのはたしかだ。

本書では、明治後期から大正前期にかけて、教育界で連続して起きた四つの事件を中心に、「正しい教育」を目指す改革が、どのようにして起こり、進んでいったのか、そしてその結果、戦前の教育がどのような変転を遂げていったのかを見ていく。

まず第一の事件は、小学校で使用する検定教科書の採用をめぐる大規模な教科書疑獄事件である（第一章）。第二は哲学館事件と呼ばれるもので、こちらは高等教育機関における道徳思想・政治哲学をめぐる事案（第二章）。後に起こる天皇機関説の前哨戦ともいわれる出来事だ。そして第三は南北朝正閏《せいじゅん》論争（第三章）。これは文部省編纂の国史教科書をめぐる騒動で、帝国議会で問題となり、時の桂太郎内閣を揺るがす大事になった。第四の事件は、進化論の受容と展開に絡む一種の神学論争である（第四章）。日本では明治前期にダーウィニズムが比較的すんなりと受容されたとされているが、それが明治末期になって国体・教育上の問題としてクローズアップされることになった。

これらはいずれも「子供の教育」の問題にとどまらず、国民の道徳観、国家観にかかわる事件でもあった。それが奇しくも日露戦争の準備期間から韓国併合、そして大逆事件といった政治的にも思想的にも危うい出来事が発生した時機と重なるようにして、連続して起きている。しかもどの事件にも、きわめて個性的な人物が関わっていた。彼らの心性には、近代日本のゆがみが凝縮されている感があり、各人の事跡もまた興味深い。

さらに青年層の贅沢化と国策的ナショナリズム隆盛も、奇妙なねじれを示しつつもつながっている。「大正青年」のなかには、現実の日本を忌避して、自身の精神的原郷を西洋に求める者たちがいた。北原白秋や木下杢太郎《もくたろう》、永井荷風らは一時期、隅田川をセーヌに見立てる夢想に耽り、仏文学の堀口大學、英文学の日夏耿之介《ひなつこうのすけ》らは、知識を通して日本より彼の国に親近感を抱いた時期を持っている。彼らの多くは、やがて「日本回帰」して江戸趣味を抱くことになるが、そうした心の動きの庶民版が、大正オペラの隆盛や竹久夢二らの「大正ロマン」人気だったのではないか。異国憧憬が濃厚だった文化風土が、なぜ容易に日本回帰に転換したのか。さらには科学の世界にも見られた（あるいは求められた）「愛国心」はなぜ生じたのか。これらもまた本書で考えてみたいテーマだ（第五章）。

この時日本人は、事件の直接の関係者も含めて、それと意識しないうちに「日本の夢と悪夢」の交差点に立っていた。

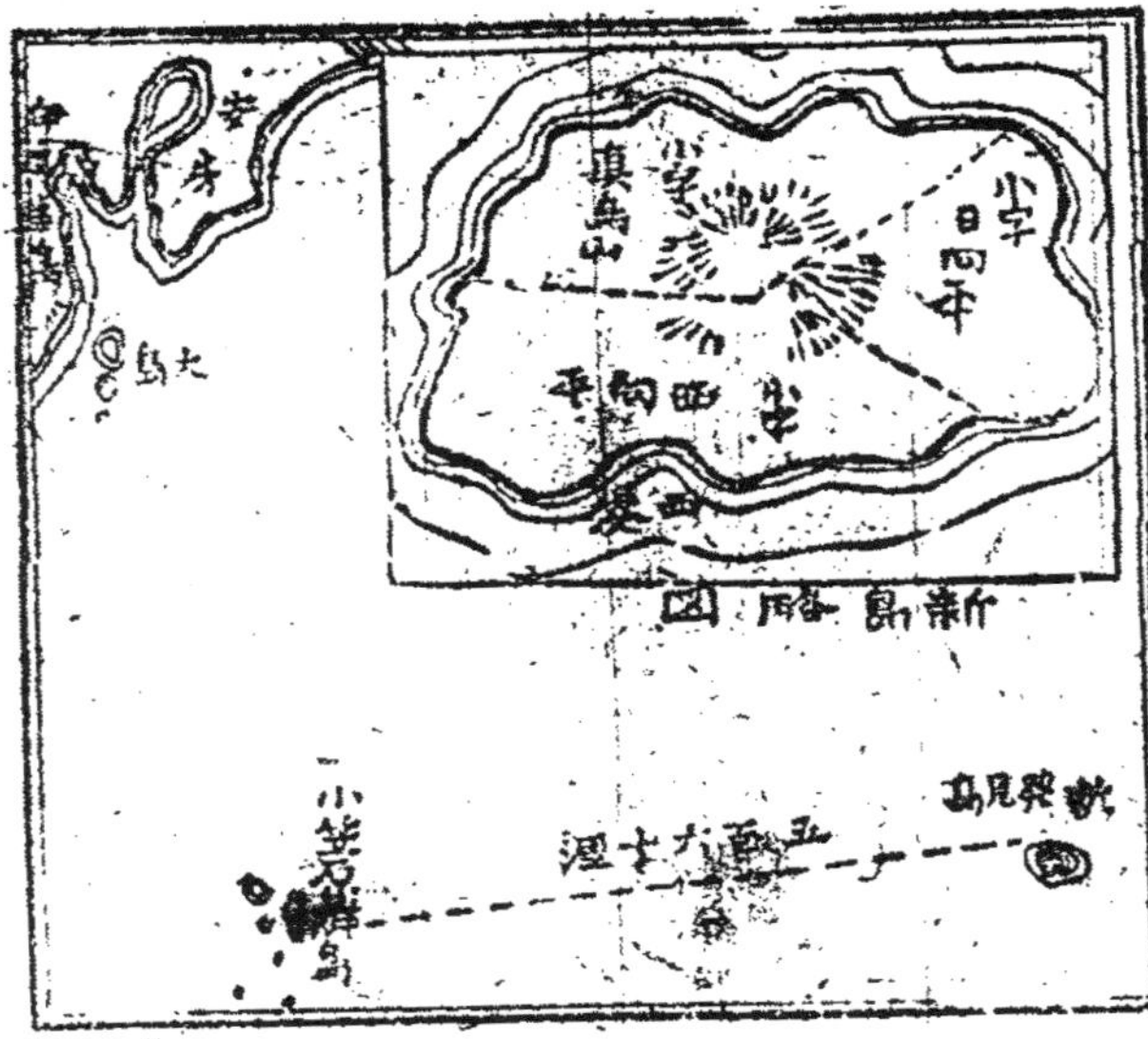

第一章

国民皆教育と教科書疑獄事件

——国定教科書への道

山田禎三郎が発見した幻島・中ノ鳥島。右上「新島略図」、右下「新発見島」とある
(『国民新聞』明治41年5月6日付)

1　功利的誘導と道徳の矛盾

†近代教育のはじまり

日本の近代的国民教育の制度は、明治五年八月二日に「学制」（太政官布告第二一四号）が公布されたことにはじまる。日本国中にあまねく学校を作り、全ての子供に教育を行き渡らせることを目的とした義務教育のはじまりだった。

「学事奨励に関する被出書（学制序文）」は、人が社会的経済的に自立するには「身を修め智を開き才芸を長するによるなり。而て其身を修め智を開き才芸を長するは学にあらざるは能はず」とし、「学問は身を立るの財本とも云ふべきものにして人たるもの誰が学ばずして可ならんや」と、教育の重要性を説いた。そして「すべての子供たちに教育を」との理想を「以後一般の人民（華士卒農工商及婦女子）必ず邑に不学の戸なく家に不学の人なからしめん事を期す」と、高らかに謳い上げた。明治日本は、身分出自にも男女性別によっても分け隔てされない、国民皆教育の理想を掲げたのである。

なお、「学事奨励に関する被出書」は、続けて親に対しては、子供を愛し、学校に通わせることを請うてさえいる。明治初頭、子供はまだまだ労働力として家業に結び付けられており、学校に通わせるのを厭う親もいた。そうしないと生活が成り立たない貧しさがあり、そんな貧しさを克服するには学ぶしかないという前段に立ち返るのだった。

近代日本の国民皆教育は、近代日本の成立とともにはじまったといっても過言ではない。

†身分別教育から国民皆教育へ

江戸時代の日本も、同時期の諸外国に比べて識字率がむしろ高い社会だったといわれており、庶民教育もある程度は浸透していた。とはいえ、江戸時代の教育には身分による習得内容の違いがあった。

明治になると士族や平民といった呼称は残されたものの、職業選択等については四民平等が宣せられた。それに伴い、新たな「国民の修身」が求められた。支配層である武士と、農工商という庶民の区別がない四民平等の社会では、すべての国民が、自立しつつ他者を尊重する立派な人間になることが期待されたからだ。ひいてはそれが国力を高め、国際的地位の向上につながることになるというのが政府側の意図だった。

江戸時代の武士にとっては儒学が必須の学問で、『論語』をはじめとする漢文による古典が学ばれた。江戸時代に「文学」といえば漢文学のことで、男子は『太平記』や『平家物語』などの軍記物、女子なら『源氏物語』『伊勢物語』などの物語を読むことはあったが、学問というより娯楽の扱いだった。まして読本《よみほん》、戯作《げさく》の類は「文学」には数えられず、女子供の玩弄物《がんろうぶつ》と卑しめられていた（とはいえ、そうした建前の下、ひとかどの武士も陰で読んでいたりしたのは現代の漫画と同様だ）。儒学のなかでも朱子学が正統な学問であり、陽明学や水戸学は下士・豪農層といった中間的身分の者には好まれたが、上士からは剣呑《けんのん》な学問として忌避された。

一方、庶民は読み・書き・算盤に集約される実学を、まず身につけた。寺子屋での手習い教本には、主に『往来物《おうらいもの》』と呼ばれる手紙の模範文例集が用いられたが、その内容は教訓や礼儀、歴史、地誌が豊富に備えられていた。子供たちは書体や語彙とともに、それらの知識を学んだ。さらに江戸後期になると、心学という実践道徳的な学問も広く浸透した。心学は庶民のための儒学といった感もあり、正直や寛容、忍耐などの道徳規範を教えるものだったが、同時に現実に即したものごとの見方についても説いており、やはり政治的な支配層の道徳規範とは異なっていた。

国民皆教育の精神は、四民平等の新社会を受けたものであると同時に、国家の完全独立回復という維新の大目標のためのものだった。明治日本は幕末に欧米列強諸国と結ばされた不平等条約を解消し、列強と対等な立場を獲得することを国是としていた。国を富ませ、国力を高め、国際社会における日本人の地位を高めるためには、まず教育が大切であり、身分などに拘っている場合ではなかった。

「国家有意の人材の育成」が目的なので、近代日本の初等教育の根本理念は、当初から知識向上と道徳的向上の両立に置かれていた。もっとも、「修身」は当初から教科に入ってはいたものの、最初の学校令では諸教科が列記されたなかの最後に置かれていた。

†明治前期初等教育の実態

そうした国家側の要請が、さしたる抵抗もなく受け入れられたのは、身分制度が廃された後の庶民にとって、教育がより良い生活への足がかりとして意識されたためである。「殖産興業」や「富国強兵」という国家目標と「立志（立身）出世」という個人の野心とが、ぴったりと重なっていた。身分の垣根に阻まれて頭を抑えられていた庶民にも、学問を得ることで官僚となり、以前の武士にも勝る権力を手にできる可能性が開かれた。維新とともに到来した「競争社会」は、庶民には以前は考えられなかった出世のチャンスとして意識された。

とはいえ、実際に子供の教育に関心が強かったのはある程度の余裕のある家庭に限られた。上昇願望は富裕な商人層や地方の指導者たる豪農層に特に強かったし、また佐幕派士族（あるいは官軍方に属していても薩長のように新政府の主流になれなかった諸藩の士族）のなかには家名挽回のために悲壮な覚悟で学問する者も少なくなかった。後者にとって「教育」は、薩長藩閥に占有された官途に食い込むリベンジのチャンスであり、その素養においてもメンタリティにおいても切実さが違っていた。ちなみにおそらく東大医学部史上、最年少卒業者（数え年で十九歳）の森鷗外は長州に近い津和野藩の出であり、平民宰相と呼ばれることになる原敬は盛岡藩上士の家系に属する。

明治十年代前半になると、小学校就学率は四〇パーセント台に達した。しかし当時の小学校では進級試験があり、合格しなければ原級留置き（留年）となるため、下等小学校（現在の小学四年相当）を学齢年齢で卒業する児童は全体の二〇パーセント程度にとどまった。原級留置きになると多くの生徒は学習意欲を失い、また労働力として子供を求めている家庭の事情もあり、中途退学する者が多かった。

就学率の伸び悩みには、教育費の問題もあった。新政府は国民皆教育を打ち出したものの、財政的裏付けに乏しかったため、小学校の設立維持に必要な経費は学区住民の民費負担が求められた。その実態について、教育社会学者の中村紀久二氏は次のように解説している。

小学校の授業料についても月額五十銭・または二十五銭などと定めたが、これは当時としては極めて高額であった。実際に地方で父兄から徴収した額は、一銭から三銭程度または米や麦一升（一・八リットル）などが多く、貧困家庭の子どもからは徴収しない場合もあった。／国庫からの補助金はなく、授業料の徴集も難しいため、小学校経費は学区内の住民から強制的な教育税ともいうべき「学区内集金」や「寄付」が日常的に行われ、財政的に民衆に大きな負担を負わせていたのである。特に、学校経費の七八割を占める教員給料等の人件費が最大の負担となっていた。（『復刻　国定教科書解説・索引』）

財政問題に加えて、教育内容の混乱もあった。小学校では掛図《かけず》と呼ばれる図表を示して事物の名称や地理を教える授業が行われたが、この掛図は欧米のそれを範としたため、生活のなかで触れたことのない品物や数字が、いきなり教えられた。それまで寺子屋では数字は「一、二、三」という漢字で示されていたのに、「1、2、3」の洋数字に急に変わった。またローマ数字も教えられた。さらに道徳でもキリスト教的な教材が使用されたりした。当時はまだまだキリスト教への恐怖心が根深く残っており、新政府の他の諸政策への反発も重なって、暴動も起きかねない地域もあった。

教育に対する意識は、地域や親の旧身分的・経済的状況によって格差があった。あらゆる階層の日本人に対して、学校に行くことの意義を説くには、それが将来の生活向上につながるという功利的誘導がもっとも有効と考えられていた。先に、明治初期の教育令では修身は他の学科より後に置かれていたと述べたが、明治十九年の検定でも修身教科書の検定でも文部省は修身教科書の検定は行っていない。このため教師の私的嗜好によって内容が偏るなどの弊害が少なくなかった。修身は教科書の使用義務がなく、教師の「談話（口授）」でよいとされていた。

†道徳教育の欠如を憂慮した明治天皇

こうした功利主義的な教育推奨、修身軽視がひとつの節目を迎えるのは「教育勅語」の発布によってであった。「教育勅語」は明治天皇の名において、明治二十三（一八九〇）年に時の山県有朋首相と芳川顕正文部大臣に対して下賜され、次第に諸学校にも伝播し、戦前の道徳修身教育の規範として神聖視されることになる。

国民教育の道徳的目標を、天皇の聖旨（お言葉）によって指し示そうという考えは、おそらく明治十二（一八七九）年の「教学聖旨」に由来している。その前年、北陸・東海地方の巡幸で教育の実情を視察した明治天皇は、知識技術の習得と同様に道徳教育にも力を注ぐようにとの意向を、政府首脳に伝えた。明治天皇は新知識を得た者たちの、道徳心の欠如を憂慮したのである。これを受けて道徳についてのさまざまな議論が行われた。誰が国民に道徳規範を示し得るかも問題だった。内閣会議での協議により、天皇の徳育についての箴言《しんげん》を編纂してはどうかとの提案があり、勅命という形を取ることになった。

また明治天皇は明治十九年十月、はじめて帝国大学に行幸して見学したが、その際の感想として側近である宮中顧問官の元田《もとだ》永孚《ながざね》に、次のように述べたという。

理科化科植物科医科法科等ハ益々其進歩ヲ見ル可シト雖モ、主本トスル所ノ修身ノ学科ニ於テ見所無シ、和漢ノ学科ハ修身ヲ専ラトシ、古典講習科アリト聞クト雖モ如何ナル所ニ設ケアルヤ過日観ルコト無シ、抑《ソモソモ》大学ハ日本教育高等ノ学校ニシテ高等ノ人材ヲ成就スヘキ所ナリ然ルニ今ノ学科ニシテ政事治安ノ道ヲ講習シ得ヘキ人材ヲ求メントト欲スルモ決シテ得ヘカラズ（『明治天皇紀』）

この逸話は、当時から直ちに大学関係者にも知られ、学生のなかには「天皇は大学を修身を学ぶところだと思っているそうだ」と冷笑する者も少なくなかったといわれる。また現代でも、この逸話は明治天皇が近代高等教育を理解していなかったという意味合いで引かれることが多い。

たとえば立花隆は、大著『天皇と東大』で〈要するに天皇は理科の学科にはほとんど関心がなくて、大学に修身はあるのかないのかが、もっぱらの関心事だったのである。理系の学科を卒業して人物をなしても、それはそれぞれ特定のサイエンスの分野で評価される人間になるにすぎない。政府に入って大臣など国家をになう人物（「入りて相《しょう》となるべき者」になるわけではない）〉〈およそ高等教育の何たるか、大学の何たるかをまるで理解していない発言としかいいようがない〉と述べている。

たしかに近代高等教育は専門化が進んで細分化され、古典教養を主体とした全人教育から専門家の育成へと向かっていた。その意味で帝国大学は、ギリシャ語やラテン語に重きを置いていた同時代の英国オックスフォードやケンブリッジよりも「近代的」といえたかもしれない。また研究者の人格と学業とを分けて考えるのが「正しい」ことも論を待たない。しかし明治天皇は、理科だけを問題にしているのではなく、医科法科も挙げており、その指導層たるべき人々に修身（倫理、道徳）が不用というのは、いささか言い過ぎのような気がする。法科の卒業生の多くは官僚となった時代であり、さらに政治家に転じて、行く行くは「入りて相となる」者も実際に少なくなかった。

教育勅語の草案は『西国立志編《さいごくりっしへん》』の翻訳者でもあった儒学者の中村正直が作成したが、あまりに宗教的すぎるということで、法制局長官の井上馨、明治二十一年に宮中顧問官から枢密顧問官に転じた元田永孚などが修正を重ねた。その際、極力政治的色彩も排除すべく努めた。

勅語は文部省に下賜されたのに続き、帝国大学や全国の高等学校にも下賜されていった。その勅語はいずれも天皇の宸筆《しんぴつ》によるか、宸筆の署名が入っていた。勅語を発した天皇の意図が、特に国家指導者層となる若者たちに道徳的責務を担う覚悟を持たせたいという点にあったことは、この経緯からも明らかだ。

政府は、前年に発布された大日本帝国憲法を補完する意味合い、そして帝国議会の議員たちに対する倫理的規定としての意味合いを持たせたいと考えていた。教育勅語は明治二十三年十月三十日に発布され、第一回帝国議会は同年十一月二十五日に召集、二十九日に開会された（最初の衆議院選挙は同年七月）。

†教育勅語の伝播と神聖化

当初、教育勅語の発布は文部省を通じて全国の知事や師範学校などに通知されたものの、勅語の謄本を全ての学校に下賜する予定ではなかった。下賜を願い出る学校があり、その動きがしだいに全国の中学校や小学校にまで広まっていき、やがてその拝領は義務のようになっていく。こうして早くも発布の翌明治二十四年四月には、勅語謄本は全国の諸学校に行き渡ることになった。

小学校では校長が生徒に対して教育勅語を奉読して聞かせるようになった。この奉読は、当時、四大節と呼ばれた祝祭日に行われる学校行事の中に組み込まれていく。ちなみに四大節とは四方節《しほうせつ》（元旦、一月一日）、紀元節（二月十一日。今の「建国記念日」）、天長節（天皇誕生日）、明治節（十一月三日。元は明治天皇の天長節だったが、大正以降は明治天皇の偉業を記念して新設され、今は「文化の日」へと形を変えて続いている）だった。この日、学校の授業はお休みながら式典があり、「教育勅語奉読、校長訓話、式歌斉唱などが行われた後、折々にお餅やお菓子などが配られるのが通例となっていく。

教育勅語の謄本と天皇陛下の御真影（肖像）は、とても鄭重に扱われ、火事などの際にこれらの焼失を恐れて持ち出そうとした教師が殉職するような事態も起きた。そうした事故を避ける目的もあって、大正以降、奉安殿と呼ばれ特別な安置場所を設ける学校が増えていく。学校の式典で教育勅語が奉読されているあいだは、教師も生徒も頭を下げて礼をすることになっていたが、奉安殿が出来ると、その前を通る際には礼拝することが求められた。

小学校の修身教育は、ある意味、教育勅語の文言を理解するための準備であり、その精神を感得することで仕上げになるといえる。だから高学年になると教育勅語の暗唱が必須と考えられるようになっていく。こうした動きは、一九〇〇年前後に神奈川、福岡、新潟、長野、茨城などで見られ、一九一〇年前後には全国規模に広まった。その一方で、「教育勅語」を神聖視するあまり、その内容を解釈することさえ畏れ多いという態度が、学校現場に見られるようになった。

そんな不敬な解釈を敢えてするなら、教育勅語は大切な徳目として「忠」と「孝」をあげているが、それだけでなく、兄弟や友人、夫婦間の愛を説き、順法精神をも説いており、近代的な価値観もある程度は入っていた。そして何より重要なのは「朕爾臣民《ちんなんじ》と倶《とも》に拳々服膺《けんけんふくよう》して」と述べられている点にあると私は考えている。天皇はこれを国民に命じているのではなく、具現すべくともに努力しようと呼びかける形を取っており、五箇条の御誓文のように、神に誓っているのでもない。この「倶に」はとても大切だ。

しかし教育現場では、教育勅語は専ら児童生徒を服属させるための道具として用いられるようになっていく。本来なら官僚や教師こそ、率先して「倶に」重んじなければならないはずなのに、指導層にそうした自覚は乏しかった。

一方で、勉学への熱意を利益誘導で引き出しながら、同時に献身奉仕の道徳を説くというのは一種の欺瞞であり、二律背反だった。そんな教育現場では、しだいに歪みが蓄積していくことになる。そのひとつに、教育の神聖を謳いながら、教科書採用を機会に私腹を肥やようとする者が後を絶たなかったという憂慮すべき事態があった。

2　教科書会社による贈賄疑惑

†教科書制度の変遷

明治五（一八七二）年に学制が布告された当初、学校で使用する教科書は自由に発行することができ（一般書籍と同様に届出認可制）、どの教科書を使用するかも自由な選択に委ねられていた。この時点での小学校は、いわば江戸時代の寺子屋と連続しており、学校ごとの方針や学習レベルにもむらがあった。

それが明治十三年には使用禁止書目が発表され、翌十四年には開申制が取られるようになっていく。各府県の小学校の教則を文部省に届け出て認可を受け、また使用する教科書もその都度報告するよう通達したのである。これは実質的には各地域・各校による教科書の自由採択制を廃止し、文部省の監督下に置くものだった。学校に対する監督の強化であり、実質的な検定制度のはじまりだが、まだ教科書出版社への直接監督ではなかった。

明治十四年には時の文部卿福岡孝弟が、地方官会議のために集められた府知事県令らに対して行った教育行政に関する訓示のなかで「今後準備ノ整フニ従ヒ、百般ノ学科ニ付教育上ノ適否如何ヲモ精査センガ為ニ、今既ニ教科書検定条例ヲ定メントス」と述べていたが、それがいよいよ明治十八年の内閣制度発足によって初代文部大臣となった森有礼《ありのり》によって推し進められることになる。

こうして教科書への直接的な介入がはじまる。教科書出版社は編纂した本を文部省に提出して審査を受ける認可制が布かれたのだった。ただしこの時は、道府県がどの認可済み教科書を採択するかに関しては、許可を受ける必要はなかった。地方への管理強化は、教科書会社へのそれ並行しつつも、異なる手段で段階的に行われた。

明治十九年（一八八六）には教科用図書検定条例を定め、翌二十年五月に教科用図書検定規則が告示され、文部省による検定が本格化した。それでも当時の小学校教科書は、道府県ごとに審査委員がどの検定済教科書を使用するかを選択する権限を持っていた。

このため各教科書会社は、審査委員はもちろん、各道府県の有力な教育関係者（視学官、師範学校教員、小学校校長など）に対して、激しい売り込み攻勢を行った。そこには慢性的な癒着、教育者の退官後の出版社への天下り、過剰接待や贈収賄といった不正の噂が絶えず、たびたび新聞などでも叩かれていた。政府は、繰り返し通達を出す一方、教科書の検定方法や編纂方法そのものについても検討していくようになる。

†教科書選定システム改革の動き

明治三十一（一八九八）年、第一次大隈内閣時代に文部大臣・尾崎行雄の下で、教科書選定のシステムを改革しようという動きがあった。道府県ごとの審査会が行っていた教科書選定を、町村の小学校校長が独自に選定採択するように改めようというものだった。

これは自由民権運動の立憲改進党以来の政策方針である地方自治促進という目標に則したものだったが、その背景にはやはり教科書会社による贈賄疑惑があった。各道府県の審査員と教科書会社との癒着の噂が絶えず、その根絶のためには審査会を廃止するしかないと尾崎は考えていた。教科書選定の単位を小さくすれば、会社側にとっては贈賄する対象が細分化して贈賄が露見しやすくなるうえに、スケール・メリットが小さくなり、結果的に意味がなくなるだろうというのも、この改革の意図のひとつだった。文部省では、教科書選定を各学校単位で行う場合の方法として、教員会議で決する案を立てた。これは一般教員の合議に大きな決定権を持たせるという意味で、画期的な案だった。

尾崎に次いで文部大臣に就任した犬養毅が、この改革案を継承したが、第一次大隈内閣自体が短命に終わったために政策には反映されず、第四次伊藤内閣の松田正久文相の時に、ようやく改革案が提出された。

これに反対したのは、当時、東大総長だった菊池大麓だった。菊池は審査会のなかで癒着が疑われるのは道府県参事会員らであり、彼らを排除し、教育関係者のみで審査を行うようにすれば不正はなくなると主張した。〈教育者中には決して不正の行為を敢えてするものなかるべし〉というのが菊地の考えだった。各小学校単位での教科書選定は、ただでも多忙な現場教師への負担が大きいという配慮（全ての教科書を比較検討し、また各種法令に則った適正な記述であるかを判定しなければならない）、また全ての教師に教科書選定を為すに足る十分な見識があるかどうかという懸念もあった。けっきょく改革は実施されないまま、その後もますます教育者らによる贈収賄不正は続き、明治三十五年の疑獄事件となったのだった。

ちなみに菊池大麓《だいろく》（一八五五～一九一七）は、蘭学の名家・箕作《みつくり》家に連なる人物で、幕末に蕃書調所《ばんしょしらべしょ》で英語を学び、英国に留学してケンブリッジ大学で数学・物理学を修めた数学者で、帰国後は東大教授となり、近代数学の移入と数学教育に力を尽くしていた。明治二十一年に出版した『初等幾何学教科書』は中等教育において明治時代に最も普及した教科書といわれた。また教育行政家でもあり、文部次官、東大総長なども務めた。

†国定教科書化に消極的だった菊池大麓

大きな方向性としては、文部省は以前から小学校教科書の国定化を指向するようになっていた。帝国議会貴族院は明治二十九年に「国費を以て小学校修身教科用図書を編纂するの建議」を可決し、翌三十年三月には小学校の読本と修身教科書を対象とした「国費を以て教科書用図書を編纂するの建議」を建議した。衆議院でも、明治三十四年四月に小学校図書審査委員会の廃止と、全教科の教科書の「国費を以て小学校用教科書を編纂するの建議」が提出され、可決されている。衆議院の議論に先立つ明治三十三年四月、地方長官会議も、小学校図書審査制度の廃止と全国の小学校教科書を文部省が一括して裁定し、全国一律の教科書を用いるよう、内務大臣並びに文部大臣に建議している。

だが明治三十年頃は、まだ国定教科書の編纂は具体化しておらず、明治三十一年には文部大臣樺山資紀《かばやますけのり》が教科書の採択を各小学校に任せるという、まったく逆方向の改革案をまとめている。また小学校用教科書の国費編纂が直ちに教科書の国定化を意味するかは微妙で、教科書費用の国費支弁というニュアンスで捉えていた向きもあるようだ。

教科書疑獄事件が発生した当時、第一次桂内閣で文部大臣を務めていたのは菊池大麓だった。文相としての菊池は、疑獄事件発覚以前からの教科書国定化の方針に添う以降を示していた。教科書出版社の教科書は、検定済みのものであっても内容にバラツキがあるうえ、後述するような問題点もあったため、「国民に平等に教育を施す」という理想に反するというのが表向きの理由だった。その一方で、より国策に添った教育を全国民に統一的に施したいという意図もあったろう。特に修身教科書は文部省で編纂したものを全国共通で使用する方針が立てられていたことからも、その意図が汲み取れる。他の教科に関しては国定化まではしないものの、なるべく文部省でも編纂に努め、これを各教科書出版社のものと並列して道府県の選択に付すという前提で、こちらもすでに実務作業にも着手していた。そのために明治三十六年度の予算編成により教科書の編纂官五人が増員され、また編纂事務費用として三千円が計上されている。

とはいえ、これだけでは国定教科書実施には準備不十分で、なお時間と予算が必要だという意見が文部省内にはあり、しかも財政的手当てが十分でない以上、明治三十六年からの国定教科書の編纂発行は、時期尚早との考えが根深かった。あるいは疑獄事件が発覚しなければ、文部省は教科書の全面的な国定化には踏み切らなかった可能性が高い。

†熾烈な教科書売り込み合戦

当時、義務教育である小学校教科書の選択は道府県単位で決められていた。このため各教科書出版社は、道府県庁や師範学校関係者、有力校長などに採用を働きかける運動を激しく行い、しばしば贈収賄などの不正疑惑が報じられた。当時の教科書は、義務教育においても国や自治体による無償配布ではなく、児童の家庭が購入するのだが、半ば義務として大量部数が一挙に売れることになるため、府県の指定を受ければ出版社は数万円単位の利益を上げることができるのだから、採用獲得競争が熾烈になるのも頷ける。

明治三十四年一月十二日、小学校令が一部改正され即日施行されたが、その改正の内容は贈賄・収賄の双方に対する処罰を規定するものだった。その内容は執拗とも思えるほど詳細かつ網羅的で、それまでにどのような贈収賄が行われてきたかが窺われる。

直接間接を問わず、金銭物品手形其他の利益若くは公私の職務を、官吏、学校、職員若くは運動者に供給し、又供給せむことを申込みたる者、又は供給若《もし》くは申込みを承諾せむことを周旋勧誘したる者、並に其供給を受け、若くは申込を承諾したる者。△以上の同様の意思を以て酒色、遊覧等、其方法名義の何たるを問はず人を饗応し、又は饗応接待を受けたるもの、旅費若くは休泊料の類を代弁し、又は代弁されたる者、又是等の約束を受授したるもの。△官吏、学校職員又は其関係ある学校法人等に対する利害の関係を利用し、直接間接に誘導し、又は威迫したるもの、其誘惑、威迫に応じたるもの。△

官吏又は学校職員に暴行脅迫を加へ、若くは是を拘引したる者。△審査又は採用を妨ぐる目的を以て、新聞紙、雑誌、張札其他何等の方法を以てするに拘らず、官吏又は学校職員に対して虚偽の事項を流布したるもの。△右の各項の一に該当する所為あるものは二十五日以下の重禁固若くは二十五円以下の罰金に処す。

さらに同改正令では、処罰された者あるいはその者に不正運動をさせた当該図書の審査並びに採用は無効にされることも定められた。

しかしこうした罰則強化にもかかわらず、相変わらず教科書出版社の売り込み合戦は熾烈で、贈収賄の噂も絶えなかった。教科書採用をめぐる贈収賄は、中学教科書や高等学校のそれにまで拡大しており、これらについても暴露記事や当局の警告が相次いでいた。「報知新聞」明治三十四年一月二十一日付は〈教科書審査会は愛知県を先登とし、各府県概ね開始せらるゝに至りたるが、禁止令が出でゝ間もなき今日なれど審査会委員中にも収賄運動を為すもの少からず、各書肆も禁止令の刑律思ったより軽ければ、依然其の運動を継続し、旧の如く醜怪手段を恣にし居るを以て、当局者は禁止令の作用を明にせんため、目下頻りに調査し居れる由にて、其の禁止令に触れ居るものと認むるときは遠慮なく告発する由にて、近々某書肆は第一着の槍玉にあげらるべしと云ふ〉と収賄の現状と取締当局の決意を伝えている。

小学校教科書の問題は、採用をめぐる贈収賄だけではなかった。検定時に提出された教科書と、採用決定後に実際に納品される教科書のあいだに違いがあるという不正も半ば常態化していた。実際に児童に販売する本では、採用検定の際に提出した見本よりも、印刷や紙質を落としたり、製本の手を抜くのである。この不当なコスト削減によって教科書出版社はさらに利益を上げられる仕組みだった。

三重県では多数の苦情が寄せられたこともあって、県下に供給される数万冊の教科書全てを検査したところ、そのほとんどが粗悪品で、検定時に提出されたものとは別本の観があり、特に粗悪なもの一万余冊に「半値」の印を押したものの、価格を下げた粗悪品を販売すること自体は黙認している。これはその年に使用する教科書を作り直すのは現実問題として新学期に間に合わないことから、やむをえずとられた措置と思われるが、ここにも教科書会社側からの働きかけがあったとささやかれた。

こうした粗悪教科書の制作並びに販売を行ったのは一社だけでなく、程度の差こそあれほとんど全ての教科書会社がやっていたが、特に集英堂、普及舎の攻勢が目立ったらしく、当時の新聞雑誌にしばしば批難の記事が出ている。

†学歴と出世が結びついた時代

明治三十年前後から教科書がらみの不祥事に対して世間の批判が高まった背景のひとつに、この時期になると一般庶民にまで教育熱が広まったという事情がある。明治前期の親世代は身分制度が確固としてあった江戸時代生まれだったが、明治中期以降になると、親自身が国民皆教育世代となっていた。地方によってはまだ就学率は低かったものの、小学校の制度は全国津々浦々に行き届いていたので、一定水準以上の家庭の子弟は小学校を経て中等教育を受ける者が多くなっており、それだけにいっそう「教育」に対する憧れは強まったという面がある。

とはいえ高校全入、大学普通教育化の現代とは、まったく状況は違っていた。地主や商店主の子弟が農業学校や商業学校に進んで家業を継ぐのは、地方では十分に「立派な学歴」だった。また学校制度が整備されて以降の世の中の推移から、学歴と出世の関係が誰の眼にも明らかになっていた。高等学校・大学進学を前提とした中学校への進学は学力のみならずある程度の経済力を必要としたものの、例えば官費の師範学校に進んで「先生」と呼ばれる立場になるのは、相続権のない農家の次三男などにとっては、軍人になって武勲を挙げるのと並んで、一種の「出世」だった。

明治から昭和末期に至る近代日本の教育普及史は、親よりも子供の学歴が高くなるという高学歴化、いわば「学歴成り上がり願望」の百年だったといえる。それは子供自身の希望であるだけでなく、わが子の将来を期待する親の願望でもあった。そうしたことを背景にして社会全体の関心が高まり、また当局の監視体制が強化されたにもかかわらず、教育界と教科書会社の癒着は依然として改まらなかった。

†疑獄事件の前哨戦——金港堂事件

当局が本格的な取り締まりに乗り出したのは明治三十四年のことだった。まず明治三十四年秋には教科書出版の大手・金港堂《きんこうどう》が贈賄の嫌疑を受けて、一時、教科書出版を差し止められる事件が起きた。しかしこの際、金港堂は水面下でさまざまな対策を講じ、また同年十月に雑誌「教育界」を創刊して教育界・教育行政へのアプローチを強めた。同創刊号には東大教授で『勅語衍義《えんぎ》』などの著者である井上哲次郎や衆議院議員の尾崎行雄らの長文の論説が載っており、教育研究や諸学説の紹介のほか、人物月旦、訪問録、時評など、教育行政に対する協力と威圧の両面で金港堂の勢力を顕示するような内容になっていた。

けっきょく金港堂の贈賄事件は明治三十五年六月に不起訴と決まったが、年度途中のため同年度中の教科書出版は差し止めのままだった。この間、金港堂は学習参考書や文芸書などに力を注ぐことで収入の不作を補う一方、その「営業拡張一周年」（ということは教科書出版差し止め一周年でもある）にあたる明治三十五年十月十日に盛大な祝賀園遊会を催した。この園遊会には全国の有名出版社や教育関係者など五百余名が集る盛況振りを見せた。翌年度からは教科書出版に返り咲くつもりであったが、この時点では教科書販売をしていないので、教育関係者を饗応しても法令違反にはならない理屈だが、実質的には来年度の教科書採用働きかけの前哨戦の感があった。

それにしても金港堂事件不起訴処分の事情にはすっきりしないものがあった。その背景には、金港堂事件の主任検事だった名村伸が、過去の不正行為を察知した金港堂社長と旧事件の関係者から、その不正に関する名村を被告とする訴訟の取り下げ請願と交換に、教科書不正を不起訴にしたともいわれる。実際、名村は不起訴決定直後に辞表を提出し、しかし受理保留の上、文官高等懲戒委員会にかけられた上、明治三十五年十月二十七日に懲戒免職となっている。

文部省並びに司法当局としては面子を潰されたようなものだから、以降、教科書贈収賄の探査がいっそう厳しくなったのも無理はない。

3　教科書疑獄事件と国定化断行

†明治三十五年の教科書疑獄事件

なかなか確証がつかめなかった教科書採用をめぐる贈収賄の実態が露呈したのは、明治三十五年秋のことだ。

発端は小さな出来事だった。ひとりの男が列車のなかに手帳を置き忘れた。届けられた手帳を警察が調べてみると、そこには教科書売り込みに関する贈賄の事実関係が詳細に記されており、事件が発覚した。手帳の落とし主は、教科書出版会社のひとつである普及社の社長で元茨城県師範学校校長の山田禎三郎《ていざぶろう》だった。

明治三十五年十二月十七日午前二時、東京地方裁判所当直検事に通達が届き、検事並びに予審判事らが緊急招集され、警視庁の警部及び刑事巡査ら数十人を伴って東京府内八カ所の関係先に家宅捜査がかけられた。教科書疑獄事件の始まりである。この時の調査対象は収賄側の対象者は当時休職中だった視学官村上幹当《かんとう》（これまで三重県、石川県、静岡県で視学官歴任）、群馬県群馬郡視学太田鶴雄だった。「万朝報《よろずちょうほう》」明治三十五年十二月十八日付記事によると〈村上は石川県に在りし時代に収賄の事があり、休職となり、其後三重県にて就職せし折にも同様の事にて休職となり下野にて、従来より醜怪なる歴史を有する人間なり、又大田の方は村上より一層甚だしき人間にて、教育社会にても札付の悪漢なりといふ、彼は教科書を審査せし後にても屢々《しばしば》関係書肆《しょし》をユスリ歩き、若し刎付《はねつ》けらるることあらば、此方にも決心あり、此上はわれ其筋へ自首し出で、汝等をも一緒に罪に陥れて遣るべしなどと脅嚇《きょうかく》するのが常〉という人物だという。贈賄で捜査が入った教科書会社側は金港堂、集英堂、普及舎の三社だった。これにより金港堂社長の原亮一らが検挙された。当然、普及舎社長の山田禎三郎宅にも家宅捜査が入ったが、この時期、禎三郎は外遊中だったため逮捕されていない。

捜索はこれだけにとどまらず、各府県の視学官や師範学校校長、小学校校長なども取り調べを受け、県知事や同経験者のなかにも取り調べを受けるものが出た。教科書出版社側では先の三社だけでなく文学社、国光社、冨山房、帝国書籍、育英社関係者なども家宅捜査を受けた。

新聞各紙は連日のように、各地各界に広がっていく教科書疑獄を書きたてた。そんな状況が翌年二月まで続く。日頃は指導的立場にある小学校校長や師範学校教諭、県や郡の視学官などが続々と逮捕拘引されていくなか、学校現場は混乱を来たし、父兄をはじめとする世間の動揺も大きかった。

県知事や衆議院議員からも逮捕者が出た。栃木県知事だった溝部惟幾《みぞべいいく》(一八五三～一九〇三)はもともとは長州閥の官僚で、島根県書記官、福島県書記官などを経て、明治三十二年から栃木県知事をしていたが、教科書疑獄事件の嫌疑により明治三十五年十二月三十日に休職となり、翌三十六年十月二十四日、重禁固四カ月の求刑中に獄中で病死している。ほかに前衆議院議員横尾輝吉、宮崎県知事園山勇、宮城県知事宗像政《むなかたただす》、前島根県知事金尾稜厳《かなおりょうごん》らも拘引された。この時代、知事は選挙で選ばれてはおらず、内務大臣によって任命される地方官だったので、これは内務省にまで逮捕者が広がったことを意味する。けっきょく事件は四十道府県で二百人以上が摘発されるという大規模なものとなった。そのうち百五十二人が予審に付せられ、百十六人が有罪判決を受けるという大事件に発展した。

金港堂、集英舎、普及舎、冨山房、国光社などの教科書が五年間の採択禁止となった。文学社は無罪となったが一社だけで全国の教科書を賄うのは不可能だった。

†断行された国定教科書への切り替え

当時の小学校(尋常科、高等科)における教科書需要はどれくらいあったのだろう。「東京朝日新聞」明治三十五年十二月三十日付の記事によると、尋常科では読本教科書八百万冊、修身教科書四百万冊、習字教本八百万冊の計二千万冊が必要だという。そして高等科では読本百八十万冊、修身九十万冊、習字百八十万冊、地理、歴史、理科、算術が各九〇万冊、図画百八十万冊の計九百九十万冊で、尋常科と高等科の合計で二千九百九十万冊だった。同記事は〈文部省は教科書供給途絶の事を憂慮して俄かに国定教科書発行の方法を講究中なり〉と結んでいる。

当時の小学校施行規則第六十三条（追加）には「小学校教科用図書の審査又は採択に関し刑に書せられたる者の発行に係る図書は裁判確定の日より五箇年間之を採用することを得ず」とあり、もし今回の裁判で告発されたすべての教科書会社が有罪になれば、使用できる教科書がなくなってしまうことになる。新聞、雑誌には、贈収賄事件の関係者を糾弾することに混じって、次第に教科書国定化を危惧する声もあらわれてくる。だが、それが大きな声になることはなかった。

実はこれまでも、教科書は新学期にきちんと供給されているわけではなかった。教科書会社の熾烈な売り込み競争もあって、どの教科書を採択するかがなかなか決まらないこともあり、決定の遅延の影響で印刷が間に合わず、新年度開始時に教科書が届かないといった不祥事がしばしば起きていた。明治三十五年度にも二十三の府県で四月中は教科書なしで授業が行われる有様だった。

そればかりでなく、落丁レベルではない教科書の意図的な薄冊刊行もしばしばみられた。つまり教育現場には、検定時点に提出した本からページ数を落としたものが届けられたのである。使用する紙を質の悪いものに切り替えることも常態的に行われていた。教科書は有料だったため、庶民のあいだでは同じ教科書が使用されている間は兄弟間や隣近所の年長の子供から教科書を譲ってもらって使用する風習があり、時には数年に渡って使用されるため、粗悪な紙質のものは不評だった。国定教科書には、こうした事態を正すという意味合いも期待された。

前述のように文部省では、これまでも自前での教科書編纂を準備していたが、それがこの大疑獄事件で一気に国定化（文部省が制作にかかわっての一本化）に向かって進むことになった。明治三十六年四月、小学校令が一部改正され、「小学校ノ教科書図書ハ文部省ニ於テ著作権ヲ有スルモノタルヘシ」と規定された。

文部大臣菊池大麓は明治三十六年六月に貴族院の院内会派・幸《さいわい》倶楽部で次のような演説を行い、小学校教科書の国定制度断行に至る経緯を説明している。

御承知の如く冬に至りて審査会に関する収賄の証拠の手掛りがつき家宅捜索となり終

には十分なる証拠が挙つて御承知の如く多数の者が検挙になるといふ次第になつた。之は甚だ不祥な事であるけれども多年の積弊を一掃するに於ては好時機であると認め、又予て私の是非実行しなければならぬと思つて居た国定の儀は此際一日も猶予すべからざるものだと考へ教科書国定の議を直に閣議に提出して同意を得た。(『学制百年史』)

改正された小学校令では、修身・国史(日本歴史)・地理および国語読本は必ず国定教科書を用いることと定められたが、さらに同施行規則によって書き方手本・算術・図画の教科書も国定化すると定められた。

具体的には明治三十七年に、修身・国史・国語読本・書き方手本・地理で国定教科書が使用されるようになり、三十八年からは算術・図画、さらに四十三年からは理科でも国定教科書が使用されるようになる。こうして小学校(当時の全義務教育課程)では国定教科書による同一内容の授業が全国で行われることになった。

実際の教科書発行は民間の印刷会社に委ねられたが、文部省が制作した教科書見本に基づいて、文字の大きさ、行数、図版、ページ数、冊(巻)数に至るまで厳格に守り、さらに印刷用紙に関しても標準を示して定価を定めた。その結果、従来の検定教科書に比べて教科書の価格は安く抑えられた。なお国定教科書の翻刻印刷の認可を得た者(印刷・出版社の代表者）は三十七年には十九人で、四十二年にはさらに二社が加わった。販売は国定教科書共同販売所で行われた。

国定教科書の著者権は文部省が持つため、実際の執筆者名は教科書に記されてはいない。ただし各年度の『職員録』を見れば誰が担当官だったかは分かり、師範学校教員や視学官も、講習などを通して直接の執筆者がある程度は分かっていた。

教科書国定制が敷かれた明治三十六年当初の担当係官は渡辺董之介、野尻精一、金子銓《せん》太郎《たろう》、針塚長太郎、太田達人《たつと》、井伊久太郎、喜田貞吉《きたさだきち》、吉岡郷甫《きようすけ》だった。係官は最初、文部省総務局に属したが、明治天皇崩御の年となる明治四十五年に大臣官房図書課に移り、図書審査官と呼ばれた。これが翌大正二年に図書課が廃されて部署は普通学務局に移され、担当係官は図書官と改称された。

✝事件の発端

ふつうに考えれば教科書の国定化には、それまで教科書出版を主たる業務としていた出版社の強い反対があったはずだし、それまでのしがらみからして現場教員や道府県など教育関係者からの抵抗も予想された。世論もまた、政府による教育干渉強化への批判に傾くことも考えられた。だが大規模な贈収賄事件の発覚によって比較的速やかに進行した。

このため疑獄事件は政府側が仕組んだものではないかという噂が、後に囁かれるようになる。教育学者・山住正己《やまずみまさみ》も『日本教育小史』で〈これ（教科書疑獄事件）は日露戦争をひかえた陸軍当局からの強い要請によって仕組まれた事件ではないかとの疑惑も持たれている。ときの文相菊池大麓は当時の代表的数学者であり、道府県による教科書統一採択ではなく、学校ごとの採択に改め、教師による教科書論議を盛んにしようとのかつての考えをひるがえして、国定化を推進する〉と陰謀説を記している。

確かに政府が政策断行のために事件を利用した側面はあるかもしれない。また逮捕拘引された者のなかには冤罪だった事案もあった。しかし教科書採択をめぐって各地で贈収賄があったのも事実で、世間に教科書出版社への不信が拡がっていたのも確かだ。

そもそも教科書贈収賄疑獄は、文部省の担当官も警察（内務省所管）の取り調べを受けるという、文部省にとっても不面目な事件だった。時の文部大臣も監督責任を問うて罷免《ひめん》すべきだとの記事もしきりに新聞に載った。文部省内には疑獄事件を極力小さく抑えたいと思う勢力もあったし、教科書出版社の側も、来年度の教科書不在といった事態を避けるためにも……という大義名分のもと、連携して有力筋に揉み消しや減刑のはたらきかけを行っていた。明治三十五年末から翌三十六年二月頃にかけては、その攻防が激しく行われていた。教科書疑獄事件は、もともと、いつかは正さなければならなかった不法行為の蔓延を、文部省による教科書編纂の目途がある程度立ち、また来るべきロシアとの非常事態に備えて国論を統一すべき時期に当たって、一気に摘発しようとしたものだったかと思われる。

教科書疑獄を一種の陰謀と見るような噂が生まれた背景には、あるいは事件の発端となった山田禎三郎の扱いが一因だったかもしれない。

事件当初、山田宅にも家宅捜査が入ったものの、当時、山田禎三郎本人は海外に出ていたために逮捕を免れたことは先に述べたとおりだ。そしてその後、帰国した時には事件はすでに一段落しており、山田の行為はそのまま不問に付されている。このため山田は当局に指示されて教科書会社潰し、国定教科書化に協力したのではないかともいわれた。とはいえ教科書出版社としての普及舎は、大口の仕事を喪《うしな》って甚大な損失を被っており、山田は身の振り方を考えねばならなくなっていたので、彼が何かの意図を持って仕組んだとは思えない。可能性としては、贈収賄の実態や教科書会社間の談合について洗いざらい話す代償として、逮捕を見送るといった取引の存在が想像されるが証拠はない。

もともと山田は野心家だったらしく、事件後はさまざまな事業に手を広げようとする一方、政治家をも目指した。電気事業などのいくつかの実業に手を出した（なかには怪しげなものもあった）。また政界進出の夢を見続け、明治三十五年の衆議院選挙には長野県長野市から出馬して落選している。それでも諦めずに機会を窺い続け、大正元年、ついに念願の衆議院議員（選挙区は長野県郡部）に当選した。

✝山田禎三郎の数奇なその後——中ノ鳥島の「発見」

この間、山田は実に不思議な事件に関与している。

山田は明治四十年八月、東京府小笠原島から五百六十哩の位置に新たな島嶼を発見したという。当時、この海域（北緯三〇度四七分東経一五四度一五分付近）には以前から島があるといわれており、海軍省水路部の『日本水路誌』には〈其ノ位置ニハ多少ノ差異アルニ依リ他日確定スルノ必要アルヘキ〉と記されていた。また日本の南東海上に、「ガンジス島」あるいは「ガンジス礁」があるとの説があった。

山田は自分が「発見」した島をガンジス島に比定している。そして明治四十一年五月、島の速やかな日本領土編入を求め、地図を添えて、小笠原庁の阿利孝太郎島司に発見の報告を提出した。島司はこれを東京府知事宛に進達したが、もとより所属が決まっていない土地に関することなので、府知事は取り扱いについて内務大臣に稟申《りんしん》することとなった。

山田の「小笠原諸島所属島嶼発見届」によると、

一、該島は小笠原島を距る五百六十哩にして、全島周囲一里二十五町（約六・六七キロメートル）なり。
二、島内全面積六十四万三千七百坪。
三、地積八分通り迄燐鉱堆積し其厚さは平均六尺位にして、之に含有せる燐鉱石は二十パーセント乃至《ないし》二十五パーセント也。
四、樹木はタコの樹坪平均一本位あり、希にカヤ樹を見る、飲料水の自然に湧出するものなし。
五、鳥類馬鹿鳥（アホウドリ）一見数百万羽を算す。
六、該島は海図に於けるガンヂス・アイランドに相当すと思惟す。
七、探検の上別紙図面の如く島内を三分し、仮に小字を日向平、真島山、西向平と命ぜり。船付場所は西向平にして、之を西港と仮称せり。（「読売新聞」明治四十一年五月六日付記事）

山田の報告書は、東京府知事阿部浩から時の内務大臣原敬に提出、受理された。日本政府は明治四十一年七月二十二日に閣議で島の領有を正式決定、島は同年八月八日付の東京府告示第一四一号により、島名を「中ノ鳥島」とし、東京府小笠原島庁に編入した。

「発見者」である山田は、早速、国から島の燐鉱採掘権を得ると、島の開発のための組合を設立して出資者を募った。それにしても山田の報告書にある中ノ鳥島は、宝の島とでもいうべき「金になる」土地だった。当時、鳥の糞が堆積してできる燐鉱は、火薬の原料になることから大きな利益が見込まれた。それが島の地表を厚く覆っているというのである。またアホウドリからは上質の羽毛が取れる。もし山田の情報が事実なら、この島からは相当な利益が見込めた。

しかし山田が獲得した採掘権は、まもなく組合員となった別の人物に独占されてしまったという。それだけなら山田は先駆者でありながら利益を得られなかった悲劇の人なのだが、この話にはいろいろと胡散臭いところがある。

そもそも中ノ鳥島は、山田禎三郎以外に誰も辿り着けない「幻の島」だった。実際にはその後、誰も中ノ鳥島の「開発」には手をつけず、それどころか再発見もできなかったのである。大正二年十一月から翌年三月にかけて、大阪の実業家・平尾幸太郎が中ノ鳥島の開拓を目指し、調査のために吉岡丸という帆船を派遣したものの、該当海域に島影はなく、新硫黄島などを視察した後、虚しく帰還した。また海軍水路部も昭和二年に測量艦「満洲」を、次いで同「駒橋」を派遣し、徹底した調査を行ったものの、何も発見できなかった。

これは一体どういうことなのだろうか。

島と思われたものが消えてしまう可能性としては、小さな岩礁で波に削られて海面下に消えてしまったケース、海底火山で一時は海上に頭を出していたもののまもなく水没してしまったケースなどが考えられる。しかし山田の報告書にあるような広さを有し、樹木が生えている上に燐鉱が暑く堆積するほどの長い年月、アホウドリ鳥の生息地になっていたとするなら、僅かな期間に姿を消してしまった岩礁や海底火山の一部とは考え難い。

幻島問題に詳しい社会学者の長谷川亮一は〈これは全くの憶測であり、確たる証拠があるわけではない〉と断りながらも〈ひとつの可能性として、詐欺の小道具として使われたのではないか、ということが考えられる。例えば、「島を発見したのでその権利を売りたい」と持ちかけた詐欺師がいて、山田はそれに引っかかったのではないか（あるいは、山田自身も何らかの形で詐欺の片棒をかついでいたのかもしれないが）〉と推定している（「幻の日本領・中ノ鳥島をめぐるミステリー」）。

それでも一度認定された中ノ鳥島はなかなか地図から消されずにいた。海軍水路部の地図（機密水路図誌）から同島が消されるのは戦時中の昭和十八年のことだった。そして敗戦後の昭和二十一年十一月二十二日付の「水路告示」第四六号は、「中ノ鳥島不存在」「精測ノ結果存在シテイナイコトガ確メラレタ」と明示し、この島は海図から完全に抹消されることになった（それでもしばらく民間地図のなかには中ノ鳥島を記載し続けたものもあったという）。

なお、山田禎三郎は「中ノ鳥島発見」後に衆議院議員に当選したものの、事業の失敗により一年足らずで辞職を余儀なくされ、さらに中ノ鳥島開発とは別件の経済詐欺事件で、被告として告発されることになる。

†国定教科書は何を教えたか――二宮金次郎の扱い

ところで国定教科書では、どのような内容が教えられたのだろうか。修身教科書を例に見てゆきたい。

国定教科書ではさまざまな徳目が、抽象的説教ではなく、多くの偉人の逸話を引きながら子供にも分かるよう具体的に説かれている。それは子供たちに「どう生きるか」「人間はいかにあるべきか」の理想を、感動的に（物語的、情緒的に）伝える役割を果たした。教えられる徳目は、親子の親愛（孝）や教師への尊敬、兄弟の助け合い、天皇への崇敬、忠君愛国、そして勤勉や自立、清潔（衛生）、慈愛、公益奉仕、進取の気風などで、各学年ごとの理解力に合わせた教材が選ばれ、繰り返し教えられた。低学年では親孝行の話題が、高学年になるにしたがい忠君愛国が増えた。

修身教科書には日本人だけでなく、外国の偉人も多く登場している最初の国定修身教科書に登場する外国人はワシントン、フランクリン、リンコルン（リンカーン）、コロンブス、ナイチンゲール、ソクラテス、ネルソン、アゲッソー、ジェンナーだ。一方、日本人では天照大神《あまてらすおおみかみ》、上杉鷹山《ようざん》、おふさ、貝原益軒、加藤清正、木口小《きぐちこ》平《へい》、北白川宮能久《よしひさ》親王、楠《くす》木正成《のきまさしげ》、楠木正行《まさつら》、佐久間勉、佐太郎、神武天皇、鈴木今右衛門親娘、高田善右衛門、高田屋嘉兵衛、滝鶴台《たきかくだい》の妻、徳川光圀、豊臣秀吉、中江藤樹、二宮金次郎、明治（今上）天皇、吉田松陰。なかには神話上の存在も含まれている。また「死んでもラッパを口から放しませんでした」の木口小平など、軍務・戦没者関係の登場も目に付く。

修身教科書は折々に改訂を施され、採用される逸話や人物にも変化があった。まず改定時期により次の五期に分かれている。

第一期　明治三十七年（一九〇四）～
第二期　明治四十三年（一九一〇）～
第三期　大正七年（一九一八）～
第四期　昭和九年（一九三四）～
第五期　昭和十六年（一九四一）～終戦

第一期から第五期まで一貫して取り上げられ、目立って多くのページを取って紹介されていた人物に、二宮金次郎（尊徳）がいる。

二宮金次郎（一七八七〜一八五六）は江戸後期の農政家。父を早くに失い、叔父の許で苦労して育った。その後、自家を再興し農業に精勤した。その手腕は周囲の知るところとなり、荒廃疲弊していた小田原藩領下野桜町領の建て直しを託されて成し遂げた。これは彼の豊富な農政知識に加えて、陣頭に立って忍耐強く働き、さらに質素倹約蓄財の才（その根底には算術の能力もあった）によるものだった。その後も、各地の荒廃農村の建て直しを頼まれ、弟子らに自分の思想・行動を伝えて実践させている。それは報徳社運動として後々まで伝わった。ただし尊徳は、法務にも優れ、荒地開墾の免租を利用するなど、ちゃっかりした面もあった。たとえば家ごとに割り当てられた夫役を、大人に立ち混じって子供の身でこなすにあたり、金次郎が草鞋を配って周囲の協力を図ったという、なかなかの人心掌握術を発揮した逸話が採られていたりする。

二宮金次郎について、最初の修身教科書調査委員のひとりだった井上哲次郎は、次のように述べている（「学説上に於ける二宮尊徳」）。

教科書に二宮翁を加えたるは、最も選の宜しきを得たるものと謂う可し。我国史中模範人物としては中江藤樹あり、貝原益軒あり、上杉鷹山あり、水戸の義公あり、烈公あり。共に是れ大和民族の精粋にして、後世の模範となすに足るべきものに相違なきも、鷹山、義公、烈公の如きは、何分大名なるが故に、一般人民に其縁頗る遠く、感化亦或は及び難きものあり。独り二宮翁は然らず、翁は平民にして、而も農夫の子として成長せり。故に農家の子女には、其境遇近く、其境涯相似たり。境遇等しきが故に、教師は学びて怠らず、勉めて休まずんば、農家の子女も、亦能く二宮翁の如くなり得べしとの希望を抱かしむるに足る

つまり金次郎は、模範として見習うべき立派な人物であると同時に、児童にとって自分達と同じような境遇にある存在として身近に感じられ、その事跡を「自分のこと」として身に染みて受け取りやすいと考えられた。このことが、修身教育における二宮尊徳の扱いの大きさにつながったようだ。子供たちも親しみやすい立場で、分かりやすい逸話があれば、それだけ取り上げやすかったのだろう。

ちなみに小学校の校庭などでよく見られた「負薪読書像」は、『報徳記』(明治十四)に基づいて書かれた幸田露伴『二宮尊徳翁』(明治二十四)に添えられた小林永興による挿絵

などが元で、大正十三年頃から小学校での建立が流行りだした。

†取り上げられなかった偉人たち

その一方で、偉人であっても、反逆や犯罪などの行為があった者はほとんど取り上げられていない。次章で問題になる英国清教徒革命のクロムウェルはもちろん出てこない。ナポレオンは明治期の日本では特に人気が高かった外国人で、豊臣秀吉とともに「立身出世」を代表する憧れの対象だった。しかし、フランス革命はブルボン王政への反逆であり、しかもナポレオンは自ら皇帝に就いたので王朝簒奪者ということになり、修身教科書では取り上げられなかった。アメリカの独立戦争も英国政府への反逆だったが、こちらはアメリカ建国という偉業が、明治日本の国家建設と重なる部分も多かったためか、ワシントンやフランクリンは取り上げられている。リンコルン（リンカーン）が第一期のみで消えたのは、南北戦争が内乱を想像させたためかもしれない。

こうした配慮は、日本人の「偉人」にも適用された。西郷隆盛は維新の英雄だったが、西南戦争を起こしており、第四期まで取り上げられなかった。また吉田松陰も、松下村塾で多くの後進を育てた偉人だったものの、黒船来航時に国禁を犯して海外渡航を謀った罪人という側面があるため、修身教科書では直接的に取り上げられることはなく、松陰を支えた親兄弟、あるいは門下生の逸話に力点を置いた形での登場にとどまっている。

第二期の発行（最初の改訂）は一九一〇（明治四十三）年に行われたが、それに先立つ一九〇七年に小学校令が改正され、義務教育が六年に延伸された。尋常小学校は四年生から六年生になり、その上に高等小学校二年とされた（それまでは尋常四年・高等二年）。

改訂の際には、そうした年限延伸への対応と併せて、社会情勢の変化に基づく配慮が図られた。日露戦争の勝利によって「一等国」となった日本にふさわしい国民たること、また価値観が多様化するなか、忠孝の心を忘れないことに重点が置かれた。後醍醐天皇に尽くした楠木正成・正行父子の逸話が採られたのは第二期からである。ちなみに明治四十四年には後述する南北朝正閏論争が起こり、教育界はもちろん政界をも揺るがす国民的議論が起きており、その結果を受けて国史教科書や修身教科書に変更が加えられた。

第三期では、大正時代の発行ということもあり、明治天皇に関する「天皇陛下」の項目は、「国運の発展」の表題の下で改稿されて、明治時代の開化進歩が語られている。そこでは学問・技芸をはじめ、政治・教育・産業などあらゆる方面で目覚しい発展があったと記される。ただし「現在でも、英・米・独・仏等の諸国に比べてみると、まだ及ばない所があります」と率直に記し「将来我が国が更に発展してこれらの国々と肩を並べて共々に、文明の進歩を図って行くようにするのは、我等の責任です」と述べている。大正七年はまだ第一次世界大戦の最中だったが、敵国であるドイツを、英米仏とともに先進国と述べているところに公正な姿勢が見える。

また第三期では、国定教科書の内容が固定的硬直的になるのを避けるために、修身・読本の教材を懸賞金つきで公募している。これは多くの地域の隠れた功労者達が掘り起こされるきっかけとなり、教科書に採用されないまでも、全国的に紹介されるようになった。修身の応募者は二百十九人、総点数八百七十八件にのぼった。

†「国交」教材の変転

第三期で注目したいのは、高学年児童用の巻六に、世界大戦（第一次）後の国際化の風潮を受けてか、「国交」の項目が新設されたことである。そこには次のように書かれていた。

隣近所同士互に親しく助け合ふことが、共同の幸福を増す上に必要なことは、いふまでもありません。それと同様に、国と国とが親しく交はり互に助け合つて行くことは、世界の平和、人類の幸福をはかるのに必要なことです。今日各国互に条約を結び、大使・公使を派遣して交際につとめてゐるのも、主としてこれがためであります。

明治天皇は、諸外国との和親について非常に大御心をお用ひになりました。明治四十一年に天皇の下し賜はつた詔書の中にも、益々国交を修めて列国と共に文明の幸福を楽しまうと仰せられてあります。

世界大戦役の終に平和会議がパリーで開かれた時、我が国もこれに参加しました。この会議の結果、出来上つたのが平和条約で、将来世界の平和に大切な国際聯盟規約はこの条約の一部です。この条約の実施された大正九年一月十日に、今上天皇陛下は詔書を下し賜はつて、万国の公是によつて平和の実を挙げ我国力を養つて自生の進歩に伴ふやうに勉めよと国民にお諭しになりました。

大正十年、皇太子殿下は欧州諸国を御巡歴になりました。半年の間殿下は到る処の国々で御交際におつとめになり、いつも非常に好い感じをお与へになりました。それがため各国との和親がどれ程増したかははかりしられません。

我等も国交の大切なことを忘れず、つとめて外国の事情を知り、外国人と交際するに当たつては、常に彼我の和親を増すやうに心掛けませう。

このように天皇崇敬の教材に寄ってはいるものの、全面的に国際平和の大切さを説いており、主旨としては現在でも通用するものといえるだろう。こうした項目がある一方で、

「国民の務」の項では国民皆兵制度の精神も説かれている。だが、その冒頭でも「今日文明諸国は、みな協力して、戦争を避け平和を保つために、出来る限りの力を尽くしてゐます。しかし、世界にたくさんある国と国との間には、いろいろの原因からいつ戦争が始まらないとも限りません。それで、もし我が国にも禍が及んで、国の安危に関するようなことが起つたら一大事です。それ故に、我等が一致して我が国の防衛に心を用い、その安全をはかるのはもつとも必要なことです」と説いていた。

†国際平和から日本の主張へ

「国交」の項目は第四期にも継承された。しかし満州国の樹立、国際連盟脱退という時局を反映して、内容は変更されている。第三期と同様、「隣近所同士互に親しく助け合ふことが、共同の幸福を増す上に必要なことは、いふまでもありません」ではじまり、天皇(大正期には皇太子だった昭和天皇)の欧州巡遊はほぼそのまま残されているのに続いて、「我等も国交の大切なことを忘れず」云々という最終段落とのあいだに、当時の日本の立場を主張弁明する文章が挿入されている。

かやうに我が国は、世界の平和を進め文明の発達をはかることを、国交の方針として居ります。それで、聯盟に対しても、最初から熱心にこれと協力して来ましたが、満州国の成立した時、東亜の平和を保つ方法について聯盟と意見を異にしたために、昭和八年対に聯盟を離れることになりました。其の時、天皇陛下は詔書を下し賜はり、其の中に、我が国の信ずるところに従つて国際平和を確立しようと仰せられてあります。

国際平和を確立するには、我が国としては、先づ東亜の安定を保つことが大切です。それで、我が国は満州国と条約を結んで、隣同士のよしみをいつまでも固くし、両国協同して国家の防衛に当たるべきことを約しました。さうして支那とも和親を進め、互に協力して東亜の安定を保ち、共栄の実を挙げることにつとめて居ります。かやうにして始めて世界の平和を確立することができるのです。

清国最後の皇帝だった溥儀《ふぎ》をむかえて建国された満州国が、事実上日本の傀儡《かいらい》国家であり、また中国との関係もここに書かれているようなものではなかったものの、あくまで平和友好が望ましいという思想が語られているのは、欺瞞である一方、最後の理性といえなくもない。

それがさらに第五期の改訂になると、昭和十八年という戦時下に行われたため、戦争関連の教材が増え、「特別攻撃隊」「練成」「戦勝祝賀の日」「新しい世界」といった項目が目立つ一方、「国交」の項目はなくなってしまった。
しかし軍国主義のみで統一されているとも言い切れない。巻三には「国交」の代わりのような「よもの海」という項目が設けられている。ここでは明治天皇が日露戦争に際して、戦争を避けたいとの意向を込めて作ったといわれる御製「よもの海みなはらからと思ふ世になど波風のたちさわぐらむ」が紹介され、平和こそが望ましいと説かれていた。「よもの海」の項には次のような「国交」由来の記述も残っている。

天皇陛下は、まだ皇太子であらせられた時、ヨーロッパ諸国をおめぐりになつて、まじはりを厚くなさいました。さうして、今日まで、絶えず世界の平和について、大御心をもちいていらつしやるのであります。
世界の平和をはつきりとつくりあげるためには、いろいろの国が、たがいに道義を重んじ、公明正大なまじはりを結ばなければなりません。これを守らずに、他国の名誉を傷つけ、自国のためばかりをはかるのは、大きな罪悪であります。

この文脈は「したがつて、このやうな国があるとすれば、それは世界の平和を乱すものであつて、私達皇国臣民は、大御心を安んじたてまつるため、断乎としてこれをしりぞけなければなりません」というように大東亜戦争の正当化の理屈につながっているのではあるが、それでも「鬼畜米英」や「一億玉砕」といったエキセントリックな文字は見られない。こうしてみると戦時中に使われた修身教科書も、戦争の正当性を謳いつつも、本来なら平和こそが望ましく、国際協調に努めるのが尊いことなのだという姿勢だけは（かろうじて）残していたといえる。教材の扱い方によっては、児童に戦争という行為自体の痛ましさを伝えることは可能で有り得た。

しかし当時の教育を受けた人たちは、軍国主義一辺倒の教育を受けたと口々に証言している。これは教材自体の内容の問題もあるが、現場がそれをどう扱うかもまた重要であることを示している。もちろん、現場にそのような忖度を強いる力が、諸方からはたらいていたことも考慮しなければならない。

第二章

哲学館事件

——倫理学と国民道徳の分離

哲学館主・井上円了(明治26年4月27日撮影)

1　井上円了の教育事業

†高等教育における官学と私学の格差

教科書疑獄事件とほぼ時を同じくして、教育界を大きく揺るがす事件が、もうひとつ起きている。いわゆる哲学館事件である。教科書疑獄は初等教育をめぐる事件だったが、哲学館事件は高等教育機関卒業生の教員資格をめぐる騒動だった。

近代日本の高等教育は、明治初頭に旧幕府の機関を接収・復興する形で、開成学校や医学校などが設けられたことにはじまる。この両校が合併して明治十年に設立されたのが東京大学だった。同校は総合大学として順次整備されていき、明治二十九年に帝国大学と改称改組、四十年に京都帝国大学が設けられた際に東京帝国大学と改称された。

明治十九年三月二日に公布された帝国大学令は、その第一条で「帝国大学ハ国家ノ須要ニ応スル学術技芸ヲ教授シ及其蘊奥《ウンノウ》ヲ攷究スルヲ以テ目的トス」と帝国大学の存在意義を規定し、国家の要請に応える人材の育成という目的を明示していた。また第二条では帝国大学は大学院と分科大学によって構成するとされた。当時の帝国大学における分科大学は、法科大学・医科大学・工科大学・文科大学・理科大学の五つで、帝国大学を総括する総長は文部大臣が任ずるものとし、大学行政を行うための評議員は文部大臣が各文科大学教授から二人ずつ選び、彼らが構成する評議会が大学に関する重要事項を評議することとされた。文部大臣が深く人事に関わる帝国大学の卒業生には、卒業と同時にさまざまな特権的資格が与えられることにもなった。

また明治十九年四月十日（大学令交付の一月後）には中学校令が公布され、尋常中学校・高等中学校の制度が成立した。平たくいうと、尋常中学校がいわゆる中学校であり、高等中学校は明治二十七年の高等学校令で高等学校へと改められた。

一方、日本には安政五年（一八五八）に福沢諭吉が中津藩中屋敷に設けた蘭学塾に起源を持つ慶應義塾や、明治十五年に大隈重信が設立した東京専門学校（早稲田大学の前身）などの私立学校があった。だが、これらはすべて明治時代には専門学校の扱いで、正規に認められた大学は帝国大学のみだった。哲学館もそうした私学のひとつだった。

当初、専門学校は届出制で設立でき、明治三十六年三月二十七日に専門学校令が公布されるまで、行政上の統一的な基準や方策はなかった（この公布時期も哲学館事件と近い）。ちなみに専門学校には官立のそれと私学とがあったが、専門学校令が定められても官立専門学校が従来の制度を明確化したのにとどまったのに対して（一部は高等専門学校へと発展）、私立専門学校の多くはこれをひとつの契機として内容の充実に努める一方、政府の統制を受け入れた見返りのようにして「大学化」を目指していくことになる。そして私立学校のなかには学校名に「大学」を謳う専門学校が出てきた。政府は、法制度上の「大学」は帝国大学のみという規定を維持して、私立の「大学」を正式に認めることはなかったものの、一年半程度の予科を持つ私立専門学校に対して「大学」という名称をつけることを認可した。私立学校が正式に大学となるのは、大正期の新たな大学令公布を待たねばならない。

ここではまず、哲学館事件の底流にこうした官学と私学の扱いの格差、政府による私立学校への統制強化政策があったことを確認しておきたい。

†仏教界初の学士・井上円了

哲学館は明治二十年に井上円了《えんりょう》（一八五八～一九一九）が創設した学校だった。円了は新潟に真宗大谷派・慈光寺の跡継ぎとして生まれ、幼い頃から修行を積んだ。しかし維新後に廃仏毀釈《きしゃく》の運動が起こり、仏教界全体が揺らいだことに加え、彼自身が仏教に対して疑問を抱くようになる。そのため儒教やキリスト教なども学んだが、いずれにも満足できず、明治十四年に東京大学文学部哲学科に入学して、自分が求めてきた真理の探究は、信仰ではなく哲学によって究めるべき対象であると考えるに至った。円了は在学中から友人らと哲学研究会を設けてカント、ヘーゲル、オーギュスト・コントなどの研究検討を行い、明治十六年に設立された「文学会」に参加した。文学会は哲学も対象としていたが、円了らはその活動を通して、さらに哲学専門の学会設立を目指すようになる。その中心になったのは円了と三宅雄二郎（哲学科、号は雪嶺）、棚橋一郎（和漢文学科）だった。

若い学徒たちは計画を練り、西周《にしあまね》に助言を仰いだ。西周は津和野藩の藩医の家系に生まれ、蘭学者として幕末にオランダ留学し、日本に近代西洋哲学をもたらした人物だ。「哲学」や「心理」という訳語は西周による新造語といわれている。そのような大先輩の賛同も得て、明治十七年に哲学会が発足（本部は神田錦町にあった学習院内に置かれた）、設立の中心メンバーは彼ら三人のほかに井上哲次郎、有賀長雄がいた。

井上哲次郎は円了の三年先輩で、東京大学文学部の第一期生で、円了とは相親しかった。後にドイツ留学を経て東大文学部哲学科の教授となり、井上円了とならんで哲学界で重きをなすことになる。ただし哲次郎は官学の中心に立つ立場となってからは、時に円了の私学自立の方針とは対立する政策にかかわる場面も出てくる。

後のことはさておき、哲学会の第一回会合には助言協力を与えた西周のほか、加藤弘之、中村正直、西村茂樹、外山正一《とやままさかず》ら思想界の錚々たる先達らも出席した。彼らは日本に近代哲学を導入し発展させたばかりでなく、政官界や宮中にも影響力を持っており、教育行政にも携わったので、本書でもさまざまな局面で名前が出てくる。一方、哲学会と分かれた文学会のほうは、国家学会へと組織を変えていくことになる。

東大卒業後、円了は文部省への出仕を打診されるが断り、また本願寺教団の指導者のための学校教授への誘い（これまでの経緯から半ば約束していたような道筋）も固辞して、自分の理想とする教育を実践することを目指していく。

円了は本願寺関係者としてはもちろん、仏教会全体で見てもはじめての学士であり、仏教哲学者として注目を集めた。そして実際、彼の思想の根幹には仏教があり、国家主義の立場からの仏教改革、護国愛理の思想などを唱えた。また円了は科学的合理主義も唱え、民間にはびこる迷信俗説を徹底的に批判したことでも知られている。明治十九年には不思議研究会を開催、幽霊や妖怪などの仕業とされていた不思議な現象を、人間心理の迷妄や、電気などの目に見えない化学現象の結果であると折にふれて断じ、「妖怪博士」との異名を取ることになる。この方面では、さらに明治二十四年に迷信打破を目的として妖怪学研究会を設立している。

†啓蒙活動としての出版事業

哲学の研究と普及を目指した円了は、棚橋一郎と相談して哲学書を出版するための会社として明治二十年一月に哲学書院を設立、二月には「哲学界雑誌」を創刊した。また同社は、哲学に関心の深い人々が集まるサロンのような場所としても機能し、ここでさまざまな文化事業や思想普及運動の相談がなされた。

政教社も、この哲学書院二階のサロンから生まれたもののひとつだ。明治維新後の日本では、政府の主導による急激な近代化、欧化政策がすすめられていた。もちろん円了らも、そうした近代化によって学問上の大きな恩恵を受けていたが、日本固有の学問や文化、衣食住日常のことに至るまで、全てを西洋に倣おうという風潮には反発するところも少なくなかった。特に仏教の排撃や官学の衰微、あるいは漢字廃止の議論（かな文字運動やローマ字化、極端には国語の英語化の建議もあった）などは、仏教徒や漢学者にとってはとうてい賛同できるものではなかった。

そこで極端な欧化主義に対して、「国粋主義」「日本主義」（いずれもナショナリティ、ナショナリズムの訳語）を掲げ、日本固有の宗教、美術、政体、互助的共同体制度など、いくつもある日本の良さを守り、発展させていこうという運動を興したのである。

政教社に集まったのは円了、三宅雪嶺、加賀秀一、島地黙雷《しまじもくらい》、辰巳小次郎、棚橋一郎、志賀重昂《しげたか》、松下丈吉、菊池熊太郎らだった。政教会は雑誌「日本人」（後に「日本及日本人」と改題）を発行し、明治中期から後期にかけてのジャーナリズムで、ひとつの大きな潮流をなした。念のために申し添えておくと、彼らが掲げた「国粋主義」「日本主義」は、昭和戦前・戦中のそれのような過激で覇権的思想ではなく、穏健な文化的・精神的な主張がほとんどだった。だが、そもそも過度の欧化政策への批判から出発していたので、「日本人」にはしばしば政府批判の文字が躍り、発禁処分になることもあった。政教社では、三宅雪嶺が中心となって雑誌「亜細亜」も発行、こちらには田岡嶺雲、幸徳秋水らも寄稿した。

円了は「護国愛理」（国を護り、真理を愛する）を理想としていたが、彼の考える「国」は日本の文化伝統ならびに日本人全体のことであり、政府とイコールではなかった。もし政府が誤った政策を採ろうとするなら、これを諫めて正すこともまた「護国」であり、真の忠君愛国だと考えていた。

†哲学館の発足と発展

円了が哲学館を創設したのは、政教社の活動がはじまったのとほぼ同時期だった。かねてから教育事業を起こしたいと考えていた円了は明治二年六月に「哲学館開設ノ趣旨」を発表し、哲学の意義と重要性を説き、哲学館設立の目的を明らかにした。そして七月二十日に私立学校設立届を東京府知事に提出、九月十六日には創立開校式を挙行した。

哲学館の創設に当たって、円了は私財をはたいたものの、もとより資産家ではなく、また特定の高額出資者を得たわけでもなかった。広く寄付を募り、賛同者の助力によって出発したのである。いうなればこれは喜捨に頼る（浄財を通して衆生とつながる）仏教的手法といえるかもしれない。寄付者は二百八十人にのぼり、そのなかには加藤弘之や寺田福寿もいた。加藤は法学界の泰斗で東大の初代総理を務めた人物だが、癖の強いところがあり、第四章の事案の中心人物である。哲学館創立に当たっては顧問を務めている。福田は真宗大谷派の僧侶で、慶應義塾に学び、円了と同じく一般大衆への仏教思想の普及に努めた。

学校を設立したといっても、当初、哲学館には独立した校舎などはなく、本郷区龍岡《たつおか》町にあった臨済宗妙心寺派の寺院・麟祥院の一室を借りて授業が行われた。開校式も寺の境内で行われた。

円了の考える「教育事業」には、近代学校制度の枠にとらわれない広がりがあった。彼の教育・啓発の対象はすべての民衆であり、学歴を求める若者に限るものではなかった。寺子屋的というか、生涯学習的というか、哲学に関心を持つ者なら、誰でも広く受け入れようとした。特に「余資なく優暇なき」人々にこそ、哲学が必要だと考えていた。こうした円了の思想を反映してか、哲学館の初期の入学者には、十七、八歳の若者から四、五十歳代の者まで幅広く、なかには子供や孫がいるものまでいた。

このように学生は多様で、学校の設備は貧弱だったものの、授業を行う講師は円了が心理学、哲学論を担当したほか、創立時の講師には内田周平（儒学）、国府寺《こうでら》新作（教育学）、松本愛重（国学）、松本源太郎（心理学）、嘉納治五郎（倫理学）、辰巳小次郎（社会学）、三宅雄二郎（哲学史）、清沢満之《きよざわまんし》（心理学、哲学史）、棚橋一郎（倫理学）、日高真実《まさね》（論文校閲）、坂倉銀之助（論理学）など、二十代、三十代の、東大出の新進気鋭学士を中心に充実していた（そもそも開学当時、円了はまだ二十九歳だった）。

その後、円了は精力的に活動して教育事業を拡大していく。明治二十一年には「哲学館講義録」を創刊して通信教育を開始し（意欲はあっても経済的事情で進学困難な者が多かった当時、通信教育誌は人気だった）、翌二十二年には本郷区駒込蓬莱町に新校舎を建設した。十一月十三日に行われた移転式には加藤弘之（当時は元老院議官）、文部大臣・榎本武揚、東京府知事・高崎五六をはじめ、著名な学者や仏教界の指導者ら約百人が臨席した。

この式典で円了は、来賓や学生を前にして、哲学館の開館の精神を振り返り、さらなる発展のための哲学館の運用方針について述べた。それは日本旧来の諸学を重んじつつ近代的学科として組織し、東洋学と西洋学の両方の優れたところを取り入れつつ日本独立の学風を確立すること、知識と人徳を兼ね備えた人材の育成、宗教家や教育者たるにふさわしい言行一致、名実相応の人と成すこと――というものだった。さらにこの目的達成のために、専門学校としての内容をますます充実させ、「国家独立の大機関ともいふべき歴史科・言語科・宗教科を分ち日本大学とも云ふ可き者を組織し、学問の独立し下に国家の独立を期す」と論じ、哲学館を「日本主義の大学」にしていきたいとも述べた。

ここでいう「日本主義」が、帝国主義や軍国主義につながるものではなく、むしろ政府をも堂々と批判し得る自立した日本国民を育てる真の意味での「日本の豊かさ」「日本の強さ」を目指したものであることは、政教社の理想と共通していた。それは近代的思想家としての円了にとって当然の主張だったが、政府・官学行政関係者にとっては耳障りなものであったろう。

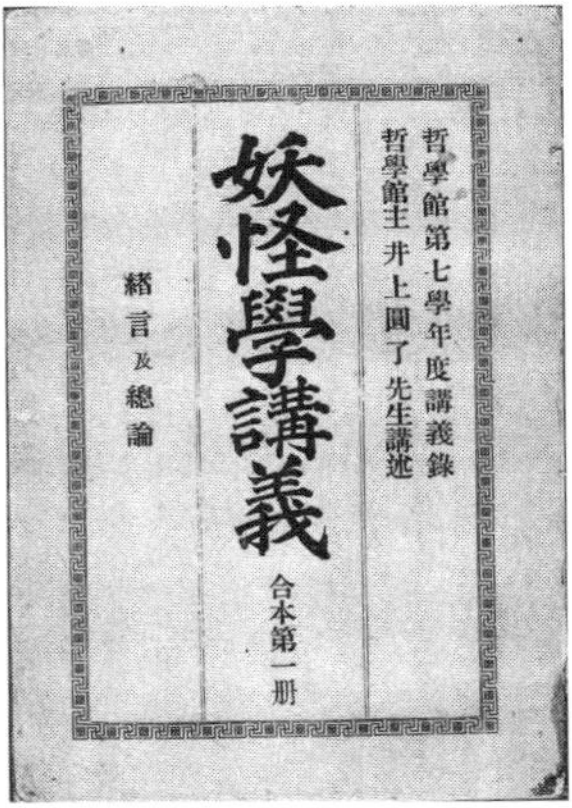

井上円了『妖怪学講義』(哲学館講義録)

円了は学校教育だけでなく社会教育にも力を注ぎ、二十三年には哲学館日曜講座も開催した。さらには専門科設立の基金募集のために、全国巡講義を開始した。これは二十三年から二十六年まで継続。その後、明治二十九年から三十五年にかけても、図書館建設のための巡講を行った。巡講は基金募集のための行動ではあったが、自己の思想や精神を広く公衆に伝える事業でもあった。

二十二年の演説の通り、哲学館の組織も拡充、整備されていった。明治二十八年に学制を改めて本科予科制を採り、教育学部と宗教学部が設置された。さらに三十一年には学制を教育学部と哲学科に改め、翌三十二年はさらに教育学部を倫理科と漢文科に分け、それまでの漢学専修科を教育学部に、仏教専修科を哲学部に合併している。このように幾度も学制を変えながら、哲学館は着実に授業内容も学校組織も拡充していった。

そのような井上円了・哲学館の活動に対して、感銘を受けた小松宮彰仁親王は「護国愛理」の扁額を贈り、三十年には宮内省より恩賜金三百円が下賜された。この恩賜金を基に、円了は明治三十二年に京北中学校を設立している。また円了は明治三十三年には文部省の委嘱により修身教科書調査委員に、翌三十四年には高等教育会議員に就いている。円了の権威は帝国大学教授のそれに優るとも劣らなかった。

†中等学校教員資格獲得への道

円了自身は政治的には穏健な愛国者であると自負しており、哲学館の教育もまた公益に適うものと考えていた。当初は意欲ある者ならば、年齢や能力を問わず積極的に受け入れていたものの、近代的学校としての組織が整うにつれて入学審査を行うようになり、生徒の粒も揃ってきた。授業内容には自信があった。

こうした事情を勘案して、明治二十三年三月、哲学館卒業生に帝国大学と同様に中等学校教員資格の無試験授与を求める請願を行った。しかし容易には制度は変わらなかった。他の私立学校も同様の請願を行ったが、明治二十年代にはどこも認可されていない。哲学館は明治二十七年にも教員免許無試験検定を再申請。これが通らなかった翌年、哲学館では入学試験制度を明確化し、前述の学制改革に着手した。

このような制度整備を行ったこともあって、明治三十二年に政府が私立学校にも中等学校教員資格無試験検定を認めた際には、哲学館は國學院、東京専門学校とともに、いち早く認可を受けることとなった（慶應義塾は翌年に認可）。そして明治三十五年にもこの制度による第一回の卒業生が生まれるはずだった。

ところが、その卒業試験で問題が起きたのだった。いわゆる「哲学館事件」である。哲学館事件で問題とされたのは、そこで行われた教育に対して「中等学校の教員資格の授与するのは妥当かどうか」だった。中等学校とは、具体的には師範学校・中学校・高等女学校などを指し、その教員無試験検定資格は、元来は官立の高等師範学校の卒業生に与えられていた。それが「指定校」として官立の帝国大学・高等学校・実業専門学校などの高等教育機関卒業生にも拡大された。

夏目漱石が若い頃、松山中学の英語教師をしたのは、この資格制度による。またその後、帝国大学文科大学講師となった漱石は、しばしば門下生から就職の斡旋を頼まれ、地方の中学校教師の口を紹介している。

経済界が未成熟だった当時の日本では、高学歴者に見合った就職先は必ずしも多くはなかった。法科、医科、理科ならまだしも、文科は特に厳しい。その上、多少とも学問にかかわり続けられる職場というのは限られていたので、官庁や大学などの高等学術機関への就職がかなわない場合、中等教育機関の教師になるというのは、決して悪い選択ではなかった。夏目漱石も帝大を出た後、松山で中学校教師をしたことがあったし、教え子から就職先を相談された際にも、しばしば地方の中学校を推薦している。

ちなみに、当時の旧制中学進学率は五パーセントにも満たなかったので、今日の大学よりよほど少なく、その教師となれば今なら大学講師には相当する立場だっただろう。収入面はさておき、中学教師なら地方では十分に文化人とみなされた。何しろ中学校は県に数校という時代だった。つまり当時の中学校は、進学率からしたら今日の大学よりずっと「選ばれたエリートの進学先」だったのである。だから『坊っちゃん』に出てくる帝大出の赤シャツ教頭は気取っているのだし、坊ちゃんが団子を食っていると、中学校の教師たるにふさわしくないと揶揄されるのだ。

中等教育機関の教員資格を得る方法は、高等師範学校や指定校を卒業するほか、検定試験を受けて合格する道もあった。その検定内容は、学力試験として諸学科試験があったほか、「品行」「身体」も問われた。検定試験の合格率は例年一〇パーセント前後で、かなりの難関である。その資格を無試験で与えられるというのは、若者にとっては大きな魅力だった。

2 事件の経緯

†問題視された出題と答案

哲学館では認可を受けた中等教育機関教員無試験資格の基準に見合う三年間の教育課程の仕上げとして、明治三十五年十月二十五日から同月三十一日にかけて卒業試験を行った。その教育部第一科甲種（倫理科）で出題された倫理科問題のひとつとして「動機善にして悪なる行為ありや」との一条が出題されていた。出題者は倫理学並びに西洋倫理学担当の講師中島徳蔵だった。

試験に際して、認可にふさわしい教育が完了したことを確認するため、文部省から視学官の隈本有尚《くまもとありたか》と隈本繁吉が派遣されていた。視学官は、もともとは見識ある教育者が一般教員を指導し資質向上を図るために設けられた役職だったが、次第に教育行政官の性質を強め、教員の人事管理や思想統制を目的とする存在となっていた。

その視学官のひとりである隈本有尚が、まずこの問題に違和感を抱き、中島に出題の真意をただしたところ、日本では例のないことだが外国ではしばしば起こってきたことで、これもそうした外国の出来事を念頭に置いているとのことだったので、試験はそのまま継続された。

そして試験終了。中島が採点を終えた答案を検査した隈本は、果たして「動機善にして悪なる行為ありや」との問いに対する答案のなかに、思想上の問題を見出した。

その答案には〈人は彼が予知せざりし結果に対して之を予知せざりしてふ事実に責任ありと云はゞ兎も角（其結果そのものには）責任ありと云ふを得ず、且又常に彼の志向たるに止まりて動機ならざりし結果の部分を見て之に善悪を下すべきものにあらず、否らずんば自由の為に弑虐《しいぎやく》をなす者も責罰せらるべく、自ら焚殺の料に供せんが為に、溺死に瀕せる人を救へる暴君も弁護の辞を得べし。唯だ夫れ吾人が動作全体を計算し、（一）其結果が全体として善なるか将悪なるか、（二）是等の結果から当の目的なるかの問題と答へたる後、吾人は初て之に就きて道徳的判断を立つるの権利ありとするなり。〉と書かれていたという(『東洋大学五十年史』)。

　解答自体は、責任は結果からのみ量るのではなく、いかなる動機に基づいているのが重要だとする法哲学ならびに倫理学の、当時の一般的見解を述べているに過ぎなかったが、例示された〈自由の為に弑虐をなす者〉は責罰されるべきではないとの論旨が問題視されたのである。そこには外国の例に限るという文言は見られなかった。しかもその答案に、中島講師は最高点を与えていた。

　この設問ならびに解答は、哲学館で使用していたムーアヘッド著、桑木厳翼補訳『倫理学』の記述ならびに同書に基づく中島の講義から導かれたものだった。ムーアヘッドの本では、英国の清教徒革命において、クロムウェルがチャールズ一世を弑虐した史実にふれて、「自由」という人間存在の本質に関わる自然の権利を守るという善なる動機に基づく行為であるなら、国王を弑虐することも許容されると説いていた。これは試験の時点でも、中島が隈本に説明したとおりだった。

　問題の答案は、その説を採り、かつ「外国の例に限る」といった記述はなかった。にもかかわらず、中島はその答案に最高点をつけていた。

　ホッブズ、ロック流の経験哲学では、人民の権利は国家の制約を受けるとした上で、ただし国家が不当な強圧を持って人間存在を脅かすのであれば、そうした国家への是正を求める非常の権利を行使し得るとしていた。ロックの政治哲学では、あらゆる法の根源である「自然法」は「理性の法」と同一であり、すべての合理的動物にとって自明な道徳的法則とされる。理性は自己ならびに隣人の生命保存を他より優先し、また他人の生命、健康、自由、財産を侵害してはならないことを教えている。そのような社会を実現するために、個々の人間は自分の自然状態における権利を放棄して、国家に法秩序による統治を委託しているのであり、国家権力はそのより良い実現のために機能しなければならない。だから国民には、政府がその権力を国民の信託に反して用いた場合は、これに反抗する権利を潜在的に保有しているとした。フランス革命やアメリカの独立戦争も、この法理／道徳理念を名分として断行されていた。

この潜在的権利（「革命権」）をどう扱うかはきわめて微妙な問題で、文明開化期に多くの先端的欧米知識を導入した際にも、ちょうど飛鳥奈良時代に隋唐から律令そのほかの事物を取り入れた際に科挙と宦官《かんがん》を退けたばかりでなく、儒学を重んじたにもかかわらず易姓革命を肯定するかのような『孟子』を忌避したのと同様、避けて通られていた感がある。

生徒の答案ならびに中島の採点に対して、隈本視学官は不適切と感じた。そしてこれは一人の生徒の問題ではなく、そもそもこの中島は授業でこの問題に不用意な触れ方をしていたのではないかと感じた。生徒の答案にはそれがあらわれており、しかもその答案に中島が最高点を付けていることから、彼は中等学校の教員資格を得るうえで何に配慮すべきかを考慮せずに授業を行っていたのではないかとの疑問を抱いた。

†視学官と倫理学者の「職責上の目的」のズレ

ここで一つ注意しなければならないのは、隈本はこれを倫理学上の学術的課題とは考えていなかったという点だ。隈本が問題視したのは、あくまで「中等教育教員資格を無検定で与えるにふさわしいかどうか」だった。それを判定するのが隈本に与えられた任務であり、視学官の職責だった。

いわゆる「哲学館事件」勃発後に、中島徳蔵が回想し公表した当時の両人の会話からも、そうした隈本の姿勢は明確である。試験直後に交わされた両者間のやり取りを中島徳蔵「哲学館事件及び余が弁明」に沿って見てみたい。

まず隈本は「講じ居る主義は大体教師が此程度の生徒に適したりと認むる本なれば別に批判せず」とムーアヘッドの『倫理学』を教科書として用いた点や、高等教育機関でその学説を教えることに関しては問題視しないとの態度を示した。その上で、隈本視学官は「伊庭の所為は如何」と問うた。中島は「不可なり」と答えた。

隈本が持ち出した伊庭とは、伊庭《いば》想太郎《そうたろう》（一八五一〜一九〇七）のことである。伊庭は東京農業学校校長や日本貯蓄銀行頭取を歴任した教育者で、剣術家としても知られた存在だったが、明治三十四年六月二十一日に元衆議院議長で前逓信大臣の星亨《ほしとおる》を、公衆の面前で刺殺する事件を引き起こしていた。その時、伊庭は「天下のためである」と怒号し、斬奸状を読み上げたという。星亨は強い信念を持った政治家だったが、他を睥睨《へいげい》するところがあったのに加え、収賄の噂もあった。実際には星亨自身は清廉の人だったものの、彼の許に出入りする多くの書生壮士のうちには不心得者もおり、星亨の名を使って甘い汁を吸おうとことがあったために悪評も立っていた。

隈本は、伊庭の犯行も「動機善なるに非ずや」と畳み掛けた。これに対して中島は「否、彼の動機は主観的感情的にして善に非ず」と述べている。以下の会話は次の通り。

隈本「然れども動機善なれば弑虐も悪に非ざるにあらずや」
中島「弑虐も絶対的に不可なりといふにあらず、唯だ已むを得ざる非常の場合にありて、其動機もし善ならば之を是認することもあるべし、本朝左る不祥の例なしと雖も、西洋に於てクロンウエルの所作の如きは、史家の是認を受けたるか如し」
隈本「グリーンも然かく説くや」
中島「然りと信ず」

ここまで中島側は、熊本視学官との会話を、あくまで倫理学の専門家として学問的に語っている。むしろ隈本を教え諭すかのような姿勢すら窺える。これに対して隈本の立場は視学官という文部官僚としてのそれであり、中等学校教員資格を無検定認可するに適した教育が行われているのかどうかを審査する立場として臨んでいた。この立場の違いが、終始一貫、両者の議論のかみ合わなさを生んでいる。

中島はこれでことは済んだと考えたようだが、哲学館の他の教職員は文部省側の今後の対応を懸念した。そこで外遊中の井上円了に連絡すると共に、留守を預かっていた湯本武比古と中島徳蔵が、誤解が生じないよう言葉不足を補うために文部省関係筋に説明して回った。その主たる内容は次のようなものだった。

一、「ム」氏倫理学の動機の解釈を詳にし、其決して国家の秩序を破壊せんとする如きものに非ざる事。

二、中島が一般弑虐に関せる理論上の見解も、亦嘗て孟子の如き架空論に非ず、従て動機善なれば弑虐を是認することありと云ふも、其動機の善とは各人任意不合理なることを許さず、皇統連綿たる我国などに於いては、夢だにも見る能はざる所なること。

三、此意見の今日に為さるゝに非ずして、既に余が三十一年度帝国教育会に於て為したる講義筆記は其一斑を知るべく、又三十三年度哲学館に於て出版せる『倫理学概論』中、孟子の弑虐説を排するの章、及び日本国体の成果論を参考せむことを請うて退けり。

この弁解説明と、試験直後の中島・隈本対話には重要な隔たりがある。それは弑虐は日本でも肯定され得るかにかかわるものだった。

三カ条の弁明説明の第二には「皇統連綿たる我国などに於いては、夢だにも見る能はざる所」とあり、「動機善なれば弑虐も可」は日本では適応されないことになる。しかし試験直後には「本朝左る不祥の例なしと雖も、西洋に於てクロンウエルの所作の如きは、史家の是認を受けたるか如し」と述べており、これまで日本で革命が起きなかったのは必然的な理由のあってのことではなく、たまたまそうだっただけであるかのように述べていた。もちろんそれが現実なわけだが、それを中等学校の教員資格を認める対象が抱くべき一般的認識としてふさわしいかどうかが、文部省にとっては問題なのだった。そして未熟な者に、危険な誤解を生じさせないような教育者を養成しているかどうかを確認するのが、視学官としての隈本の職務だった。

それでも隈本は「私の意見では、教授法を改正すれば、認可を取り消すにも及ぶまいといふ考」(「読売新聞」明治三十六年一月二十九日付、談話)えだったが、報告を受けた文部省内の議論は厳しい処断へと傾いていった。

†火に油を注いだ中島の反論

そもそも無試験認定資格を得た場合、哲学館の卒業生が勤務できることになる師範学校や旧制中学などの「中等学校」とは、どんなところだったのか。

師範学校の卒業生は原則として全員が小学校の教員になり、順当であれば校長になっていく(師範学校以外のコースからの教員になる者もいるので、師範学校出は小学教育者としてはエリート)。また中学校の卒業生は、官立の高等学校や官学私学の高等専門学校などの上級学校に進学する者もいるが、中学卒業で社会に出る者もおり、小学校の代用教員になる者も少なくなかった。田山花袋の『田舎教師』の主人公は、中学出の代用教員である。中等学校の教員になるということは、小学校を出たばかりの生徒を相手に授業をし、その生徒は学校を出ると直ちに小学校の教師になる(かもしれない)者たちなのだった。

中島は再反論の中で、隈本視学官は「理想に則った公共的善」と「私的恣意的な善」の違いを理解していないと批判したが、学問上は中島が正しくとも、この批判自体が文部省の懸念を裏書する結果になっていることを理解していなかった。

文部省が問題視しているのは、哲学館で学理上誤った学説が説かれているか否かではなく、中等教育機関の教師たるに適した教育がほどこされているか否かだった。問題は「未熟な者に誤った思想を持たせないように指導できるかどうか」にあるのだ。場合によっては、学理上は間違っていても、危険思想に至らないよう善導することが「正しい」というのが、明示はされていないものの文部省（政府）の立場だった。

ところが中島が揶揄したように、隈本のような高学歴の教育専門家ですら「公益的善」と「私的恣意的な善」の区別がつかないなら、師範学校や中等学校の生徒のなかに、これを混同したまま理解の及ばない者が出ることは当然予測される。彼等が間違った「善」の概念と、「動機善なれば弑虐も可」という短絡的革命観を持ったまま教職に就いたらどうなるか。彼らが教える小学生には、ますます「善」の本意は分かり難いであろう……。このように考えていくと、文部省側が何を恐れていたのかは（私学潰しという意図もあったかもしれないが）容易に理解される。当時は日本でも知識階級を中心に社会主義思想が広まりはじめており、政府はこの「危険思想」に神経を尖らせていた。

しかもこの議論の最中、中島徳蔵は隈本視学官の短絡を「荒唐無稽な誤謬」と攻撃するに際し、次のような剣呑な事例を仮定してみせた。

此に一個の直覚説の危険なる応用を示さん。左の三段論法に見よ、
戦争は絶対的に悪なり、
天皇は戦争を為し玉ふことあり、
故に天皇は悪事を為し玉ふことあり。
是れ真に恐れ《(ママ)》多き結論ならずや、実に「国体上容易ならぬ事にもなりましせう」とは云はざるべけんや。直覚論者たる隈本君たるもの、其れ之を肯んずるや、否や。

これは政府が最も恐れている思考の道筋を煽るような言動で、火に油を注ぐ挑発的なものだった。実際、日露戦争で非戦論を唱えた社会主義者なら大逆事件を起こしても不思議はないというような短絡的思考が、間もなく現実に日本を覆うのである。

†「山嵐」対「坊っちゃん」の対立

ところで哲学館事件の一方の「主役」である視学官の隈本有尚はどんな人物だったのだろう。隈本有尚（一八六〇〜一九四三）は福岡生まれで、東大理学部一期生として星学（天文学）を専攻。東大予備門教員となり、夏目漱石、正岡子規、南方熊楠、山田美妙らを教えていた。

漱石の『坊っちゃん』に登場する数学教師の「山嵐」は、隈本をモデルにしているともいわれる。また日露戦争時には海軍参謀として日本海海戦の勝利に貢献した秋山真之《さねゆき》も、彼の教え子だった。『坊っちゃん』の「山嵐」は会津出身の頑固な清廉居士で、曲がったことが大嫌いな人物として描かれているのは周知の通りだ。頑固ではあっても筋を通す「やまあらし」の人物像と、「私学潰し」の陰謀とは、イメージがかけ離れていて、しっくりこない。自分の信念に一途なあまり、忖度や配慮といった「日本的」方便に欠けている「坊っちゃん」的中島と、厳格に職務の枠組みに拘る「山嵐」的隈本……といったところだろうか。もちろんこれは、個人的な対立で済む話ではなかったが、事態が拗れた一因には双方の頑《かたく》なさも関係している。

個人としての隈本有尚は井上円了を尊敬しており、中島ともかねて親しい仲だったので、そうした私情からすれば、事を荒立てるのは望むところではなかったろう。しかし職責上、危険思想は用心深く、疑義程度でも排除しなければならないと考えていた。そうした彼の態度を「冷たい」というのは、私情を持って公務をゆがめよといっているようなもので、中島としてもあくまで理論で押していった。それが「文部省の方針」対「私立学校の独立」という構図にはまり込んでいく。

実は道徳観ならびに道徳教育に関して、中島が政府と見解を異にして問題となったのは、これが初めてではなかった。中島は群馬出身で東京帝国大学哲学科卒業後、哲学館で西洋倫理学と倫理学を担当しており、当時の倫理学界の第一人者のひとりだった。このため、政府が修身教科書の国定化にむけて準備を始めた段階で、国定教科書の起草委員会メンバーに加わるよう求められた。当初、中島はこれを断ったが、文部省から再度の要請があり、明治三十三年に起草委員に就任した。つまり中島は、小学校修身教科書の検定化に関与していたのである。ちなみに、この時の修身教科書調査委員会の委員長は加藤弘之、委員には井上哲次郎、井上円了がともに名を連ねていた。

ところが修身で教える徳目内容を巡り、中島は文部省の意向と異なる私案を提出したため、委員会が紛糾する事態となった。

文部省は修身教科書を教育勅語が説く徳目を念頭に、忠義・孝行・勇気・忍耐のほか、正直・勤勉・発明工夫・友情・兄弟愛・夫婦協調・博愛など多くの項目を盛り込もうとした。教育勅語自体は、儒学的な道徳観だけでなく、「夫婦相和シ」のようにキリスト教的な西洋道徳を取り入れた部分もあり、また「常ニ国憲ヲ重ンジ国法ニ従ヒ」と法治主義を説いてもいた。そして実際に使用されることになる修身教科書は、各学年ごとに前述の徳目を繰り返し教え、最終的には教育勅語の文言を理解・遵守することに主眼を置いたものとなっていく。

しかしこれに対して中島は、智仁勇の三徳の涵養に絞ったほうが理解しやすいと主張した。

中島の意見は特にリベラルなものでも反政府的なものでもなく、教育勅語を批判する意図もなかった。むしろ彼が掲げる徳目は、政府の目標より前近代的ともいえるようなものだった。問題なのは、両意見を収拾するための討議の過程で、中島の発言中に教育勅語を軽んずるかのような言い回しがあったとして指弾された点である。また以前にも、中島は教育勅語改訂を唱えたことがあった(実は改定案はいつつかの方面から折にふれて出ているのだが、当時、名前が世間に漏れていたのは彼だけだった)。それも外部に歪んだ形で漏れたため、「高等教育会議に提出すべき議案中畏れ多くも教育勅語を撤回すべしとの条案あることとなり」「教育勅語撤回なる暴説は曾て某なるものが唱へたる処なるが此不敬漢某は今現に文部省の修身書編纂委員たらしむるは不都合千万」(「京華日報」明治三十四年一月十一日)などと書き立てられた。

文部省側は「事実全ク無根ナリ」としたものの、中島は五月三十一日付で委員を解職された。

そもそも文部省が求める「教育勅語の理解」とは、その内容を吟味し自ら倫理的生き方について考えるのではなく、教えられたとおりに受け入れることだった。この方針が児童生徒のみならず、修身教科書編纂委員にも適用された観がある。教育勅語が次第に内容を検討し論ずることすら憚られるような聖典になっていったことは前章で見たとおりだ。

中島はもともと起草委員への就任を渋っていたくらいだったので、特に抗弁したり自説を取り下げたりすることなく解職を受け入れたが、それだけにかえって文部省内には中島の思想や態度に対して不審の念がくすぶっていた可能性はある。

社会学者の佐藤秀夫は「勅語改訂問題の存在を公にさせないためには、「弑逆」是認という、より個別的な「思想」問題としてクローズ・アップすることが有効だと判断されたのではないか」(「哲学館事件と教育勅語改訂問題」)と推理している。

†ジャーナリズムの関心、割れる世論

二、三の折衝が持たれたものの、文部省は十二月十三日付で哲学館卒業生への教員免許授与資格認可を取り消した。最初にこの事件を報じたのは新聞「日本」の明治三十五年十二月二十四日付記事だった。しかし哲学館側が事件についての発信を控えていたこともあり、当初は教科書疑獄事件の報道の陰に隠れた小さな記事に過ぎなかった。それが中島の前掲意見が公開されて隈本とのあいだの論戦が明らかになると、ジャーナリズムの関心は一気に高まった。東洋大学井上円了記念学術センターが編纂した『井上円了の教育理念』

によると、明治三十五年十二月から三十七年二月のあいだに掲載された関係文書は新聞記事は二百七十五点、雑誌掲載論考は二百八十五点にのぼるという。

各紙誌の論調はさまざまで、文部省の処断を「学問の独立」を侵すものとして攻撃するもの、「私学潰し」の陰謀だと断ずるもの、井上円了と井上哲次郎（当時の帝国大学文科大学長）の反目によるとの私怨説、逆に哲学館の授業を危険思想と批判するもの、問題はあるものの資格取り消しは行き過ぎとするものなど、議論や噂が百出した。

例えば「学理に対する政権の迫害」（「中国民報」明治三十六年二月二十七日）は「事一私立中学に関し些々たるが如しと雖ども、其れ亦固陋なる偽忠君思想が国民思想の独立と発達とを礙遏《がいあつ》し、学術の神聖を冒瀆せんとする者、決して黙々に附すべきにあらず」とし、粗探しをして学問の独立に干渉しようとする文部省の姿勢を「偽忠君思想」と批判している。

一方、「教育時論」（二月五日）掲載の「哲学館問題」は「動機にして善なれば、弑虐の行為も不善にあらずといふが如き論旨の倫理学を、嘗て批判も加えず。注意も与へず、其の儘講じ去り、而して之を聴講せるものは、中学師範学校の教員たるべき資格を与へられんとする生徒なりといふ。是れ、我が国柄より見れば実に教授上に注意を欠けるものといふべきなり」としながらも、一講師の不注意過誤であって井上円了ならびに哲学館の教育方針から出たものではないので、中島講師を処分するなり、誤った答案を書いた者に資格を与えなければいいだけで、学校全体から資格を剝奪するのは行き過ぎだとしている。「東京朝日新聞」などにも、同主旨の記事がみられる。

また「哲学館認可取消事件」(「早稲田学報」第七十六号)は「これ形式主義の教育界を表はす好個の材料」と文部省の教育行政を批判、「さ程までに其の倫理書が、不都合の理論を記述せるものならば、何が故に其の発売を禁止せざる」とも述べている。「六合雑誌」「教育学術界」そして「中央公論」などにも、これに類した文部省の「私学潰し」批判が出ている。

哲学館事件は問題視された『倫理学』の原著者であるムーアヘッドの耳にも届き、原著者自身が英国から「弁妄書」を書いて「ジャパン・クロニクル」に寄稿し、日本政府の見解に反論。また翻訳者の桑木厳翼も論考を寄せてムーアヘッドの学説は穏当なものであると論じた。その桑木に対して、丸山通一《つういち》「ミユアヘド動機論の真相」などのように、中島の授業のみならず、ムーアヘッドの著作自体を批判する者も出た。

丸山通一は「動機善なれば」という判定を誰がするのかを問題視し、動機の正当化は「決断の後に」起こり、また何人も主観を完全に離れて判断することは不可能であるとし、さらに「暗君暴君ありとも、事を未然に防ぐは幾多忠良なる宮臣の手腕にあり、例令《たと》ひ非常の場合生ずることありとも、何ぞ必ずしも君主の血を見るを要せんや」と、革命を全否定している。倫理学上は学説と呼ぶにも当たらないような空疎な主張だが、こうした考え方が戦前日本の教育界（特に初頭・中等教育）では当然視されるようになっていく。

さらに三十六年三月十日、当時の倫理学界の中心的団体であった丁酉《ていゆう》倫理会の主要会員が、連名で「ム氏の動機説を教育上危険と認めず」との論断を公表し、倫理学上の問題としての哲学館事件は収束にむかった。だが「教育上の必要な配慮」の必要に関しては、丸山的見解への支持も根強かった。

学界での議論が収束するに従い、ジャーナリズムの中心話題は、教科書疑獄事件や哲学館事件から、予測されるロシアとの戦争へと移っていく。ロシアの極東における南下政策を対峙することは、日清戦争後に三国干渉を受けて以来の（さらには幕末期に千島・樺太に触手を伸ばされて以来の）課題だったが、明治三十四年に義和団事件が終結した後もロシアが満州を占領したまま兵を引かずに居座っていたため、ロシア脅威論は高まっていた。このまま満州がロシアの植民地となり、やがては朝鮮半島から日本本土まで窺う事態になるのではないかという危機感を抱く者もおり、国家存亡の危機と煽る記事も出るようになっていた。メディアには主戦論と非戦論の双方が見られたが、主戦論に大きく傾く契機は、教育関係者から起こった。いわゆる「七博士事件」だ。

東京帝国大学法科大学の戸水寛人《とみずひろんど》教授ら七人の博士は、かねて政府に対し、ロシアの満州経営が本格化しないうちなら勝算があるので、速やかに開戦すべきとの建議書を提出していたが、それが明治三十六年六月メディアの知るところとなり（桂首相と七博士のあいだでは「一切を厳秘に附す」と約束されていたがリークは政府筋によるとされる）、一気に開戦支持論が高まったのだった（一説によると、この反応は政府には予想外のものだったという）。

また日露戦争が旅順要塞陥落、日本海海戦の勝利を潮時として政府が講和を図った際にも（すでに戦費は底をつき継続は困難だった）、戸水は論文「講和一時機果シテ到リタルヤ」など強硬な戦争継続論をぶち上げた。この件で政府は戸水教授を休職処分とした。また東京帝大総長・山川健次郎を依願免官に至らしめた。そのような圧力に対して、東京帝大の全教授百九十四名は、大学の自治、学問の自由を主張して辞職覚悟の抗議書を提出、さらに京都帝大もこれに同調したため、逆に文部大臣・久保田譲が辞職する事態に立ち至った。戸水は復職し、この件は大学側の勝利で終わっている。だが「ロシアをバイカル湖以西に押し込めろ」などの景気のいい強硬論で名前を売った戸水は、「バイカル博士」の異名を取り、ほどなく大学を辞すと政界に転じて、衆議院議員となった。その一方で文部省は、次第に帝国大学の管理も強めていくのである。

†不在だった井上円了、対応への迷い

哲学館の名誉と存立にかかわる重大事件に際して、井上円了はどうしていたのだろうか。当然ながら文部省も校主・井上円了に詳細な報告を求めた。しかしこの時、井上は海外の教育事情視察のため外遊中で、十分に対応することができなかった。文部省に対してロンドンから回答書を送る一方、哲学館に対しては嘆願書を提出するよう指示、予定を切り上げて帰国したのは七月二十七日のことだった。この時はすでに、資格取消が通達されており、覆しようはなかった。

帰国直後のインタビューで、円了は「天災にあらずして人災として諦めるほかなし」と述べ、取消処分の対象が今回の受験者以外の、まだ中島の授業を受けていない在校生にまで及ぶのは不合理だと指摘した。さらに円了は、哲学館は文部省に対して四月に嘆願書を提出している、三カ月たった今も何等の返答がないこともあげ、今後、教員免許無試験授与の特典が再び与えられるとしても、これらの問題に納得できないうちは「学問の義理」として請けることはできないとまで主張した。そして哲学館を自主的に退職していた中島徳蔵に対しては、復職を依頼している（中島はこれを快諾した）。

欧米の教育現場を視察した円了は、学問の自由独立の大切さを強く心に刻んで帰国し、

学校改革への意欲も強かった。哲学館は中等学校教員無試験認定の資格を剥奪されたとはいえ、三月に公布された専門学校令に則った専門学校になっており、「哲学館」から「哲学館大学」へと改称改組しようと考えていた。

円了は今回の事件を、何かといえば政府に頼りがちな民力脆弱な日本にあって、独立の精神を発展させ、実用の教育を実践する契機にしようと考えた。そして哲学館を予科、専門科（三年）、大学科（五年）の三科とし、卒業生には「哲学士」の称号を与えようとした。そして教員資格の無試験検定が取り消された以上は、実力によって試験に合格すればいい、と学生を励ました。また社会教育事業のために修身協会を設立、「修身協会雑誌」を発行した。さらに郊外の中野に購入してあった土地に古今東西の四人の哲学者（孔子、釈迦、ソクラテス、カント）像を納め、哲学の発展を記念する哲学堂を建設することも決めた。円了の情熱は衰えてはいなかった。

専門学校令に基づく大学部設置は、三十六年十月一日に認可されたものの、「実力主義」は必ずしも好評ではなかった。円了の理想は理想として、世の若者はできることなら楽をして資格を得たいと考える。彼らにとって学校は、有利な職を得るための準備機関だった。それがすべてではないものの、将来の生活を度外視して学校を選ぶことはできなかった。そのため中等学校教員無試験検定資格の再申請はしないという円了の方針は、在校生や卒業生にはきわめて不評だった。また取り消し以降、哲学館への入学志願者は目に見えて減った。これは哲学館の経営基盤を直撃した。

一時は、設立当初の「社会教育」に立ち戻り、哲学館を若者に限った学校教育機関ではなく、広く社会人の教養を深める講習機関へと転換することも考えた。しかしこれを学校の評議員らに相談すると、ことごとく反対された。関係者のあいだからも、哲学館は円了個人のものではないといった批判が漏れるようになった。

ここで円了は自身の進退を考えなければならなくなる。学問の自由、学校の独立を捨てて、特典認可の再申請をするか、それとも自身が学校運営から身を引くかということである。たとえ学生のためであっても、自己の思想信条を曲げることはできないと、円了は後者を選ぶことになる。そして明治三十八年十二月、哲学館大学記念会を上野精養軒で挙行した後、哲学館を財団法人とし、後を前田慧雲、湯本武比古へ託す契約をすませ、翌三十九年一月に円了は哲学館大学長と、兼務していた京北中学長を辞職、一月八日に「哲学館、京北の職を辞する旨」を発表した。

この引き際の潔さについて「報知新聞」(三十九年一月四日)は「哲学館が現に土地建物等かれこれ十数万の財産を有して、優に独立的専門教育機関たるを得たるは、即ち井上博士二十年来の苦心経営の賜にあらざるなく、今之を適材にゆずりて厘毛も私財と混同する所なきは、固より学者として当然の行為とは云へ、一面の観察を以てすれば亦当今稀有の美挙たるを失はず云々と、博士の旧知たる某翁は物語られたり」と記している。

井上円了引退後の明治四十年五月十三日、哲学館への中等教員無試験検定資格再認可が実現した。一方、円了は晩年を修身協会（明治四十五年に国民道徳普及会と改称）運動で全国巡講をしたり、雑誌の発行や社会啓発のための執筆などに捧げた。また哲学館の直接の運営は離れた後も名誉学長として、求められれば助言や協力は惜しまなかった。

教科書疑獄事件の山田禎三郎や、七博士事件の戸水寛人など、事件を起こして教育界を離れた後は議員になろうとする者が多かったが、円了は最後まで教育界の人だった。大正七年十二月に私立大学を正式の大学と認めることを定めた大学令が布告されたが、認可の条件として一校五十万円、一学部増設毎二十万円の基礎財産供託など過酷な財政条件が付けられた。このため財政基盤の弱かった東洋大学（哲学館の後身）の大学認可は遅れることになる。円了は大正八年二月三日、「朝日新聞」に「教育上私学に対する卑見」を発表し、知識と精神の涵養よりも財政面を重視するかのごとき制度への疑義を呈している。

第三章

南北朝正閏論争

——五人の天皇が消された教育事件

峰間鹿水（信吉）

1　論争の歴史的経緯

†二十世紀に巻き起こった正閏論争

第一章、第二章で扱った事件は、主に修身科に関するものだったが、本章で扱うのは国史教科書をめぐる出来事だ。

倫理道徳における「正しさ」には、厳密に考えていくと明確な答えを出せない面があり、とくに現実での対応では迷わざるを得ないといった経験は、誰にでもあるだろう。また倫理的な価値観は時代が変わり社会通念が変化するのにともない、変化していくことがある。

例えば医療においては、昭和四十年代頃まで、癌は本人に告知しないのが当然とされていた。当時、癌の告知は死の宣告とほぼ同義と感じる患者が少なくなく、また結核のような伝染性の病気ではないため、本人には事実を隠したまま治療することがほとんどだった。また家族関係が緊密な時代だったため、家族にのみ事実を伝えて身辺を整えるよう勧めるのが通例だった。本人から「本当は癌ではないか」と問われても「良性の腫瘍ですが治療は必要です」と回答して真の病名を秘すのが倫理的とされ、不用意に真実を告げた医師は非難されたものだ。

それが検診や治療が進歩したために、癌は必ずしも不治の病ではなくなり、また社会一般の医学知識も向上してきたため、本人に実態を隠したまま治療を行うのは不当だとみなされるようになった。また安楽死の問題も、これを手助けすることを自殺幇助とみなすか許容するかは、意見の分かれるところとなっている。

だが歴史教育では、「どう教えるのが正しいか」をめぐる本質的な議論は起こらないと一般には思われている。歴史教育で何より大切なのは、史実を正確に教えるよう努めることだ――という考えを否定する者は、現代にはいないだろう。もちろん何が事実だったのかについての議論は、常にある。近年の歴史教科書でも、それまで教科書に載っていた肖像画が別人との説が有力になったために削除されたり、鎌倉政権のはじまりがかつては征夷大将軍宣下の年（一一九二年）とされていたのに、それが守護・地頭の任命権を認める文治の勅許の年（一一八五年）に改められたりといった動きが、学術研究の進展によって起きている（いまだに議論がある）。しかしこれらは「史実の正確さ」を目指しての研究が進められた歴史学の成果を反映したものであり、「史実を正確に教えるよう努める」という価値観自体が変更されたわけではない。

ところが明治四十四年の日本では、歴史教育における「正しさ」自体を揺るがす大事件が起きた。南北朝正閏《せいじゅん》問題である。これは十四世紀の日本で、足利尊氏が庇護する天皇（北朝）と、吉野に逃れた後醍醐天皇（南朝）が並び立った時代に関する議論で、南北両朝のうちどちらが正統な天皇だったのかを問うものだった。同時にふたりの天皇が並立したとはいえ、どちらも皇統には違いはないので、論者は一方を「正統」と主張するとしても、決して他方を「非正統」とはせず、「閏統」と呼ぶところが、いかにも日本的だ。

この問題は二十世紀初頭になって突然持ち上がったものではなく、南北朝時代当時から争われていたし、さらにいえば同時に二つの朝廷が設けられるようになる以前、鎌倉時代に後嵯峨天皇の皇子である後深草天皇（兄）と亀山天皇（弟）の子孫のあいだで、交互に天皇が立てられるようになった頃から潜在していた。後深草と亀山は生母も同じなので長幼の序からいえば後深草が正統とされてしかるべきだが、後嵯峨が崩御した後、母が亀山に肩入れしたため事態がこじれた。そのため朝廷は幕府の干渉を受け、皇統は後深草帝の系統（持明院《じみょういん》統、後の北朝につながる）と亀山の系統（大覚寺統、後の南朝につながる）に分かれていた。それが何代か続くうちに各公家もそれぞれに持明院統につく系統、大覚寺統につく系統に分かれるなどしたため、事態はさらに混迷を深めていた。

後醍醐天皇は、一度、倒幕計画が露見して持明院統の光厳《こうごん》天皇に譲位したものの、再起して幕府を倒すとこれを廃して天皇に返り咲いたが、引き寄せた武士たちの信望を失って吉野に逃れることになる。その後、足利政権によって、持明院統の天皇が立てられた。現在の皇統は、一三九二年の南北朝合一以降、現在に至るまで元の北朝（持明院統）が続いているが、大衆的人気は南朝寄りだった。それだけに南北朝正閏問題は、きわめて扱いが微妙だった。

またこの議論は、明治末期に突然起こったわけではなく、南北朝時代から（さらに持明院統と大覚寺統のいずれを正系と見るかといった議論はそれ以前から）あった。ここでまず、明治四十四年の事件を見る前に、それまでの正閏論争の経緯を簡単に押さえておきたい。

†『神皇正統記』『梅松論』『太平記』

南北朝の騒乱があった当時ないしはその直後に書かれた代表的書物に『神皇正統記《じんのうしょうとうき》』『梅松論《ばいしょうろん》』、そして『太平記』がある。

南朝を正統視する史観は、同時代的には後醍醐帝のイデオローグだった北畠親房《きたばたけちかふさ》が一三三九年（延元四、暦応二――西暦の下に二つの元号を併記するのは、北朝と南朝で元号もそれぞれ別のものを用いたため）、常陸国小田城にて執筆した『神皇正統記』によって広まった。親房はその後も東国で転戦しながら同書を修訂し、南朝の後村上天皇に献じた。この本は神代から当代に至る天皇の事蹟・歴史の推移を記し、かつ南朝の正統性を強調したものだ。

年少の天皇の参考に資するために執筆されたといわれているが、東国の武士たちを南朝方に味方させるという宣撫《せんぶ》に供されたともいわれる。同書の歴史観、国体観は後世に大きな影響を与え、特に戦前の「皇国史観」には、『神皇正統記』の考え方が大幅に取り入れられた。

そういえば天皇の「現人神《あらひとがみ》」性を強調するのも南朝史観の特徴だった。「現人神」という言葉は『日本書紀』にも登場するが、それは文字通り神話と地続きの時期に関する記述であり、この語が現実政治に関連する権力的な意味を以って用いられるようになるのは、『神皇正統記』以降のことだ。

一方、北朝方の視点から書かれた本に『梅松論』がある。著者不詳ながら足利尊氏側近の武将の手になると考えられており、一三四九年(正平四、貞和五)頃に成立。鎌倉幕府の治績から、南北朝の内乱を経て、尊氏が政権を掌握するまでの過程を、尊氏(武家)側から比較的史実に忠実に記述しているといわれる。

これらに対して、後世もっとも広く読まれてきたのは軍記物の『太平記』だろう。『太平記』は全四十巻からなる大著だが、その作者ははっきりしていない。今川了俊の『難太平記』(応永九=一四〇二)によると、『太平記』の作者は「宮方深長の者」つまり南朝方の公家が原著者だったとされる。それを恵鎮《えちん》上人が足利直義《ただよし》に見せ、玄恵《げんえ》法印にも読ませたところ、直義は記述に誤りがあり、また追って書き入れるべきこともあるとし、その作業が完了するまでは外聞なきようにせよ、と命じた。こうして訂正作業がはじまったが、戦乱と政局の変転もあって、その作業はしばしば中断されたという。この間に、原『太平記』に各氏が合戦の自身のはたらきや事件の概要など自身の知見を書き加えていった。この作業は直義や玄恵の死後も続き、現存する全四十巻にまで増補されたらしい。

なお、校訂にかかわった玄恵は天台宗の高僧で、後醍醐天皇の侍読として宮中に出入りし、宋学の講義もした。また恵鎮も当代一流の学僧として宮中に出入りし、後醍醐天皇をはじめ五人の天皇に戒を授けた人物である。このように両人は、南朝側との縁が深かったが、足利方との交流も持ち続けた。

一方、洞院公定《とういんきんさだ》（左大臣、『尊卑分脈』の編者として著名）の『洞院公定日次記』応安七年（文中三、一三七四）五月三日の条に〈伝へ聞く、去る二十八、九日の間、小島法師円寂（死去）云々。是近日天下に翫ぶ太平記の作者なり。凡そ卑賤の器たりと雖も名匠の聞え有り。無念と云うべし〉という記載があり、応安七年四月二十八日前後に亡くなった小島法師が、『太平記』の著者だとする説もある。

†『太平記』は南朝寄りの史観か？

世間一般には『太平記』は南朝方に肩入れした物語だと思われている。明治四十四年の論争当時も、そのように思って引用している人が多かったし、今もそのように解説されることがある。実際、『太平記』でいちばんよく読まれているのは、後醍醐帝に仕えた楠木正成らの活躍する場面であり、その苦労話だ。武家政権である室町時代から江戸時代にかけては『太平記』は軍略に関する武家のたしなみとみなされ、江戸時代前期には主として『太平記評判秘伝理尽鈔』を読み聞かせることを生業とする芸能も生まれた。これは講談の源流ともいわれる。

たしかに『太平記』には正成を絶賛し、後醍醐を「聖主」、足利を「逆臣」と呼ぶ場面がある。だがそれなら、足利氏に担がれた北朝の天皇を低く見ているのかというと、そういうわけではない。自ら武力を以て権力を握ろうとした後醍醐を「覇王」とする場面もある。これは武家であれば間違いなく褒め言葉だが、天皇に対してはそうとはいえない。『太平記』の序には〈蒙窃かに古今の変化は採つて、安危の所由を察するに、覆うて外なきは天之徳なり。明君これに体して国家を保つ。載せて棄つることなきは地之道なり〉とある。つまり帝を頂いて戦うのは地に立つ臣下の務めであり、天に属する帝は徳によって立つのが正しいという儒学に基いた価値観だ。

後醍醐天皇は自ら密教の呪法を行い、超越的な力まで借りて絶対君主たらんとしたといわれている。これに対して持明院―北朝の天皇が君主たる資格として自らに課したのは「徳」だった。後醍醐の前（最初の即位時）に帝位にあった持明院統の花園天皇は、後醍醐の次に帝位に就く皇太子に定まった甥（後の光厳天皇）に、天皇となる心得を説いた「戒太子書」を贈ったが、そこには天皇たるには自ら身を慎み、徳を積み、下々のことを思わねばならないと記されていた。位に登るには、武威ではなく徳が必要だと説いたのである。このように思い合わせると、『太平記』は南朝方の奮闘を称賛しながらも、最終的には北朝の天皇が位に就いたのは天命だと説いているように思える。

にもかかわらず後醍醐―南朝方の人気が高かったのは、判官贔屓によるとともに、南朝方の武人たちの戦いぶりが、武士の価値観に合うためだったろう。また江戸時代になると、徳川氏が自家の出自を、南朝方に与した新田源氏の子孫だと称したことも影響している。水戸藩主であった徳川光圀が編纂に着手した『大日本史』が南朝正統説を採ったのはこのためであり、頼山陽の『日本外史』もまた同説を採った。

さらに庶民のあいだにも、芝居や講談を通して楠木正成人気がひろがり、南朝正統の「美学」が広く普及していた。しかし歴史学的な見地からは、南朝正統説は確立しておらず、江戸後期に『大日本史』が朝廷に献じられた際には、南朝正統説を採っていることが問題になって一度は受け取りを拒否されていた。

このような経緯があり、南北朝正閏問題はながらく決着のつかない厄介な問題だった。ちなみに南北朝時代を扱い、講談の種本となった『太平記』では、南朝を「宮方」と記し、北朝方の勢力は「将軍方」「足利勢」などと記し、北朝の諸天皇は争いに巻き込まれた存在と扱うことで「両皇統の御争い」という表現は極力、回避していた。

†論争以前の教科書記述

では明治以降の歴史書では、この厄介な問題はどのように扱われていたのだろうか。明治八年に文部省が刊行した『日本略史』(木村正辞編、那珂通高訂)は南北朝並立史観を採っていた。ただし南朝の天皇は〇〇天皇と記しているのに対して、北朝は〇〇院と称していた。その一方で「足利尊氏、光明院ヲ奉ジテヨリ、北方五帝、五十六年」といった記述もあって、北朝を主体として事跡を記しているようにも読める。少なくとも北朝を立てた足利尊氏を逆賊と呼ぶようなエキセントリックな表現は見られない。

興味深いのは南北朝合一以後の歴史を説いた部分だ。室町幕府の三代将軍足利義満は、南北両朝の合一を実現するために、今後は北朝(元の持明院統)と南朝(元の大覚寺統)の皇統から、交互に天皇を立てることを提案した。鎌倉末期の両統迭立《てつりつ》に戻す措置である。しかし北朝の後小松天皇は、皇位を息子に譲った。もっともこれは、かつて後醍醐天皇が採ったのと同じ態度であった。

これに対して「南朝ノ遺臣、後亀山天皇ノ後ヲ立ツル、約ノ如クセンコトヲ請フ、許サズ、是ニ於テ南朝ノ遺孽（注・南朝の子孫）、所在兵ヲ起ス」と、この教科書では説明されていた。いわゆる「後南朝」である。現在、後南朝は義務教育課程では出てこないと思うのだが、こうした記述は伊地知貞馨《いじちさだか》編『小学日本史略』（明治十二）、笠間益三篇『新編・日本略史』（明治十四）、椿時中編『小学国史紀事本末』（明治十六）、山形悌三郎著『小学校用日本歴史』（明治二十一）などにも見られた。ただしそれ以後は、しだいに見られなくなってくる。

「後南朝」は歴史ロマンとしては平成以降も人気があるようで、「歴史読本」などの歴史読物雑誌では時々、特集が組まれていた。ただしこれは現実の皇位継承とは無縁の物語である。このことは、もし万が一、南朝系の親王の子孫であることが確実な人物が現れたとしても、なんら変わることはない。その点では、南朝の子孫も清和源氏や桓武平氏の子孫も同等である。いうまでもないことだが、清和源氏は清和天皇、桓武平氏は桓武天皇の子孫だが、臣籍に下って苗字を得た段階で皇位継承とは無縁の存在となった。そしてほとんどの武家は、怪しげながら源平藤橘《げんぺいとうきつ》いずれかの子孫という系図を有しているはずだ。庶民の多くも、それに類する家系伝説を持っているのが日本という国だ。つまり日本人で皇室との結びつきがまったくない出自（自称）の者のほうが少ないくらいなのである。いわば皇室は日本人全体の宗家だ。

にもかかわらず、「南朝」という物語（時には「後南朝」さえ）が、政治的問題となってしまうところに、近代日本の危うさがあったといえるかもしれない。それは現実の皇位継承史の問題ではなく、明治維新を挙行した人々の心性の問題にも関わっていた。明治維新に至る討幕運動のなかで、尊王の志士たちは自身らを足利将軍家と争う南朝忠臣に見立てる風潮があった。このため、幕末の京都では、勤皇派の手によって足利将軍家の木造の首が街に晒されるという事件も起きた。ここには歴史学の問題ではなく、政治（活動）家たちの心性の問題がある。

歴史学の分野では、明治中期以降、近代的な実証的歴史学の見地から、南北朝時代の「両朝並立」が明確に記されるようになっていた。だが、それが道徳問題に抵触するとして騒動になり、政府や野党議員を含む政治家たちが大いに動揺したというのが、明治四十四年の南北朝正閏論争だった。

2　政治問題化と世論の沸騰

†代議士による衆議院での質問予告

本来なら学問上の課題であるはずのものが、一気に政治問題化したのは、明治四十四年二月十六日のことだった。この日の帝国議会衆議院本会議では、小学校で使用されている文部省編纂の国定教科書『尋常小学日本歴史』中に見られる、南北朝時代の記述についての質問が取り上げられることになっていた。質問に立つ予定だったのは、無所属の代議士・藤沢元造《げんぞう》。彼は事前に、この教科書には問題があるとして政府に質問書を提出していた。藤沢が疑問視したのは「南北朝の事は正閏軽重を論ずべからず」「両皇統の御争ひとなり」云々といった文言についてだった。これは皇室内部に皇位をめぐる争いがあったことを明示するものであり、藤沢は「国民教育上、由々しき問題」だと唱えた。

藤沢の主張によれば、彼はかねて楠木正成らの忠臣が仕えた後醍醐天皇を崇敬しており、南朝こそが正統で、後醍醐帝と対立した足利尊氏らは逆賊だと思っていた。これは特別な見方ではなく、当時の民衆が講談などで慣れ親しんでいた物語の定型である。藤沢が衆議院に提出した質問書の内容は、そうした講談的歴史観を踏まえたものだった。

一、文部省は神器を以て皇統に関係なしとするや。
二、文部省は南北両朝の御争を以て、皇統の御争となすや。
三、文部省は南北両朝の士楠木正成を以て忠臣に非ずとするや。
四、文部省は足利尊氏を以て忠臣とするや。
五、文部省の編纂に係る尋常小学用歴史は、順逆正邪を誤らしめ、皇室の尊敬を傷つけ奉り、教育の根底を破壊するの憂ひなきや。

これは文部省の歴史認識ならびに教育方針のあり方を問うものだったが、政治問題化したら大事件になると政府も気付いていた。そのため政府側は、質問書が提出されると直ちに藤沢議員への説得工作を開始している。その模様を「東京朝日新聞」明治四十四年二月九日付記事は、次のように報じた。

之に就て文部省は、某急所を突かれたる事とて、弁解の辞もなく、狼狽一方ならず、頃日来《けいじつらい》鳩首凝議《きゅうしゅぎょうぎ》中なりしが、一昨日小松原文相は、遂に藤沢氏に会見を求め、三時間余に亘り、詞を尽して該質問の撤回を求め、大逆事件の余熱未だ全く冷えざるの今日、かかる事態を暴露するは、頗《すこぶ》る迷惑なりとて、切に懇請したるも、藤沢氏は宗廟《そうびょう》に関するの大事なれば、其是非は之を明かにせざるべからずとて、文相の請を却けたりと。左れば氏は今九日の衆議院本会議に於て、大気焰を吐かんと待構へつゝあり。

記事に九日とあるのは、もともとは質疑が二月九日に予定されていたためだ。しかし九日には九つの質疑が上程されており、藤沢の「教科書編纂ニ関スル質問」はその八番目となっていた。質問演説ならびに討議は予定の順番どおりに進められたが、藤原惟郭提出「欧米外交ニ関スル質問」、早速《はやみ》整爾《せいじ》提出「朝鮮ニ関スル質問」、清水市太「対米外交ニ関スル質問」などをめぐる質疑が長引き、時間がなくなったため、藤沢の質問演説は二月十六日に延期された。

この一週間を使って、政府側は藤沢にさらなるはたらきかけを行った。そもそも九日の質疑は、明治四十三年に韓国を併合し、欧米列強諸国とのあいだの不平等条約の完全解消が果せる目途が立った日本の将来に関する重要なものが多かった。これらもまた、二十世紀初頭の「帝国日本」ならではの質疑だった。とはいえ、いつもなら早く切り上げようとする政府側の答弁が、常とは異なり懇切丁寧なものとなったのは、はじめから時間切れによる議題の先延ばしを画したと見ることもできる。
政府は、藤沢の友人で質問書の作成にも協力していた歴史学者の牧野謙次郎に圧力をかけて、質問内容の変更を迫った。さらに藤沢代議士の父である藤沢南岳を動かして説得工作を行い、再び文相と藤沢代議士の会見がセッティングされた。儒学者上がりの南岳は政府高官からの働きかけに恐縮し、息子に質問書撤回を求めたといわれる。また藤沢代議士本人に対して官職を与える密約がなされたとか、逆に議場に来られないよう警察によって拘引しようとしたといった噂も囁かれた。藤沢がどう動くかに世間の注目が集まっていた。「東京朝日新聞」(二月十五日付)は次のように記している。

藤沢代議士と文部大臣との会見は、相互不譲歩のために、何等得る所無くして了れり。文部大臣は如何にしても藤沢代議士に対し、議会に於ける質問書を撤回せしむと、百方策を廻らし居れるも、藤沢代議士は之が応接を蒼蝿《うるさ》しとし、其の居処を暗まし居れば、遂に警察力を濫用して、居処の探偵をなさしめ、藤沢代議士の親友なる早稲田大学講師牧野謙次郎氏の邸宅に角袖巡査の立番をなさしむると同時に、藤沢代議士の厳父なる関西の碩儒《せきじゅ》南岳翁の力によりて反省を促さしむと企つる等、苦心をさを怠りなけれど、藤澤代議士の決心は牢として抜くべからず、聞く所によれば、同代議士は飄然都門を去つて、伊勢大廟参拝の途に上り、大廟に告ぐるに苦衷の在る所を以つてし、十六日新橋より直ちに帝国議会議事堂に馳せ付け、堂々と質問演説を試みむ筈なりと。

伊勢神宮参拝の話といい、藤沢の行動も新聞記事の調子もどこか講談調に感じられるのは、南北朝正閏論という話題から皆が『太平記』を意識しているためだろうか。

新聞が盛り上がり、傍聴席が熱気に包まれているわりには、当日の議員席には欠席も目立ち、この時点ではまだ南北朝正閏論争は「政治問題」としては盛り上がっていなかった。

†辞職演説

藤沢代議士は開会時間の間際になって姿を現した。定刻になると衆議院議長・長谷場純孝が「議会を開きます」という宣言に続いて、「お諮りを致します」と述べ、藤沢元造議員から辞職願が出ている旨を告げ、「これについて、この辞職の理由を一応弁明し置きたいと云うことでありますから、藤澤君に発言を許します」と続けた。

こうして藤沢議員は、政府への質問をすることなく、辞職理由の説明のために登壇することになった。彼の顔は真っ青だったといわれるが、「酒気を帯び、蹌踉《そうろう》として演壇に立つ」と記した新聞もある。彼の弁舌も淀みがちで、まとまりがなかった。その混乱ぶりは

『衆議院議事速記録』に克明に残されている。そのなかの事実関係を具体的に語っている部分から抜粋してみよう。

諸君、本員は去る四日、文部省の新たに編纂になりましたるところの児童用並に教師用の尋常小学の日本歴史に付きまして一の質問書を提出いたしまするると共に、本員は文部大臣に面会を求めて、三度文部大臣に向かつて此編纂の甚だ我国体上許すべからざるところの失態であることを痛論したのでございます。涙を揮つて文部大臣に説いたのでございます。所が大臣も、亦或は両皇統御争ひの姿となり、若しくは正閏軽重は容易に論ずべきにあらざるなり、又は足利尊氏が錦旗を押立てゝ云々の言葉は甚だ不穏である、是は改めねばならぬと云ふことは、大臣も御認めになつたのでございます。唯、本員は即座に之を改むべきものであらうと云ふことを提案致しましたところが。或る時期に於て、是は多くの編纂委員に依つて成立つたものであるから一個の大臣が何とも御答することは出来ない、或る時期に於て是は改定すべき所は屹度改めますと云ふことを本員に断言されたのでありますが、本員は尚心に未だ安んぜざる所がありまして、更に文部省の或る一室に於きまして此編纂に最も責任あるところの三上、喜田の両博士を大臣の紹介に拠つて呼んで戴きまして、弁難詰問に及んだのでございます……

ここで藤沢代議士は、文部大臣も現行国史教科書の南北朝についての既述は不適切だと考えていると語ったとし、間接的に文部大臣を弁護している。教科書編纂の実際を握っているのは専門家である編纂委員であり、これを勝手に大臣が変えられないのだとして、責任を編纂委員に押し付けている形だ。

藤沢の演説で名前が挙げられた喜田は喜田貞吉《きたさだきち》、三上は三上参次のことで、このふたりが国史の国定教科書の編纂担当係官だった。

喜田は明治三十二年に日本歴史地理研究会を組織した歴史地理学者で、三十四年に文部省図書審査官となり、史料編纂官を経て修史官として国定教科書編集の任に当たっていた。また三上は帝国大学和文科を卒業後、同大史料編纂掛に入り、明治三十二年に東京帝国大学文科大学教授となり、史学科から国史学科を独立させるのに尽力した。明治四十四年の時点では教科書編纂係官と東京帝国大学史料編纂掛主任編纂官を兼任していた。

藤沢代議士が演説で続けて述べたところを要約すると、文部大臣も教科書の不備を認めたことを受けて、文部省普通学務局長の立会いの下、喜田・三上両博士と面談して、南北朝時代の記述の「誤り」を正すよう求めた。しかし両博士は、南北朝の対立は実際にあったことだし、実状からいうなら足利将軍に支えられた北朝のほうが終始優勢だったと主張して、藤沢の説を容れなかった。これに憤った藤沢は、文部省を出ると伊勢神宮に参拝して皇祖皇宗にことを訴え、父・南岳にも相談の上、議会での質問を決意して帰郷した。

しかし質問書提出後、桂太郎首相ほか二三の大臣が説得工作に訪れ、政府としても藤沢の主張を承認するから質問を取り下げるよう求めた。

さらに藤沢が議会での辞職演説で述べたところでは、自分としてはもともと、教科書の不備を糾すのが目的で、政府批判の方便ではないから、大臣らが反省するなら敢えて議会で質問演説をして彼らを窮地に立たせるのは忍びないと感じた。あるいはここで質問演説をしたほうが自分の名を上げ、また世間の同情同感を得られるかもしれない。しかし責任ある大臣が、すでに教科書の改訂を約束したからには、目的は達したのだから質問を撤回する。これにより自分は国民の代表としての責任を果たしたと思う。だから自分の議員辞職は華々しい戦死だと思ってほしい。このように自分は天壌無窮《てんじょうむきゅう》の皇運を扶翼したと信じるが、これに対して諸君（自分に質問実行を求めるくせに自分では登壇しない議員たち）は私利私欲に走り、次の選挙のことばかり考えているではないか。自分はなお一年の任期があるが、ここに辞職するものである、と。

感情に訴えようとする演説だったが、内容は支離滅裂であり、特に後半になるに従って混乱し、議長から何度か「簡潔に」と促されたものの、どうにか語り終えた。しかし質問撤回と議員辞職の見返りとして、政府内での役職を約束されているという噂がすでに議員たちの間ではささやかれていたため、反応は冷ややかだった。

当時の規則では、議員本人からの辞職願は議長が受理し、議会の承認を得ることになっていた。議長は所定の手続きに則り「衆議院規則第一六五条に依り、討議を経ずして採決致します」と述べた。通常ならこのまま採決されて、藤沢代議士の辞職が決定し、この一件は落着となるはずだった。

ところがここで「先決問題があります」と国民党所属の佐々木安五郎議員が発言を求めた。佐々木は、藤沢の説明だけでは事実関係が不明確なので文部大臣の出席を求めて補足説明を聴きたいと要求した。そのまま採決に持ち込みたい議長と佐々木のあいだで押し問答となった。そこで議長は一計を案じて「唯今の佐々木君の提案について採決をとります」と宣言した。ここで佐々木の提案が反対多数で否決されると、たたみかけるように藤沢代議士辞任の件も一気に議決した。こうして藤沢元造の辞任が成立したのだった。質問予定者は議員でなくなり、質問もなくなったはずだった。

だがこの日の議事はその後も荒れた。不満を募らせた佐々木安五郎は、藤沢退席後の議事でもしきりに野次を飛ばし、「未成年者飲酒取締ニ関スル法律案」を提出した根本正議員への不規則発言では反対演説までし、根本議員への侮蔑的言動があったとして懲罰動議が出されそうになる一幕もあった。

根本は茨城県選出の議員で、未成年の飲酒禁止は彼が長年、未成年健全育成のために取り組んできた課題だったが、こうした地道な取り組みへの世間の関心は薄く、したがって積極的に賛同する議員も少なかった。話題性という点では、南北朝正閏論のほうがはるかに強力なテーマであり、メディアの注目度は高かった。

†吉田東伍の懸念、牧野謙次郎の反発

そもそも南北朝正閏問題は同年一月から教育界で話題になり、次いで新聞がしきりに取り上げるようになって広がっていたものだった。政治家のなかで真剣にこれを問題視するものは少なかったが、大衆の関心はすでに高まっていた。

一般紙として最初にこの議論を取り上げたのは、明治四十四年一月十二日付の「中央新聞」だった。ただしその内容はまだ、小学校で使われている日本歴史教科書の南北朝時代の記述に対する疑義が上がっていることを伝える小さな記事にすぎなかった。続けて十四日の「二六新報」も同様の記事を伝えた。この段階では、まだ世間の関心はさほどではなかったが、一月十九日付「読売新聞」が「南北朝対立問題（国定教科書の失態）」と題する長文の無署名論説を掲げたあたりから、世論が盛り上がりはじめる。その後も「読売」は

終始一貫して南朝正統論を強く掲げて、文部省を批判することになる。

一月下旬、早稲田大学の講師室に集っていた教授たちのあいだで、この読売新聞の論説が話題になった。その際、牧野謙次郎、松平康國は記事の主旨に賛同して南朝正統を主張したのに対して、吉田東伍は異議を唱えた。

吉田はかつて「読売新聞」の記者を務めながら独学で歴史学を学び、「読売新聞」紙上に書いた史論で注目されて世に出、『日韓古史断』『徳川政教考』によって学者としての地位を確立した。後に編纂した『大日本地名辞書』はこの分野の記念碑的作品で、今もその名が残っている。

吉田は、南北朝正閏論争の盛り上がりが「道徳的正しさ」を求めるという情熱に突き動かされたものであることに危惧の念を抱いていた。道徳的な正しさを求めることは、一見すると立派な行為に思えるかも知れない。だが、この場合の「道徳的正しさ」の求め方は、歴史の実態を無視して、自分たちが正しいと信じる理屈にしたがって真実を捻じ曲げることにほかならない。「あるべき過去」を真実だと言い張り、過去を捏造する行為は、真に道徳的な態度ではなく、都合のいいように事実を歪曲して自分の欲望を満たすという、極めて不道徳で不真面目な姿勢ではあるまいか。歴史学の役割は、まず事実を明らかにすることであり、「正しい歴史」とは「道徳的に正しい歴史」ではなく、「現にあったことを正しく認識する歴史」であるべきだ。

それに皇統は、南北朝合一以降は持明院統（北朝系）となっており、今現在の皇室もその系統である。南朝贔屓が史実を無視して極論まで拡張していくと、それは今現在の天皇を軽視するかのような危険思想を呼び覚ます恐れがある――こうした点からしても、軽々に南北朝の正閏を論ずべきではないのではない、というのが吉田の見解だった。

だが、こうした吉田の説を聞いた牧野は、吉田の考えに強い反発を覚え、むしろ危険思想だと感じた。牧野の考えでは、国民国家が健全に機能するためには、自国ならびに自分たち国民自身のアイデンティティーとなる物語が必要であり、それを国民に与えるのが歴史学ならびに歴史教育の重要な使命だった。後醍醐天皇をはじめとする南朝の天子たちと楠木正成をはじめとする南朝忠臣たちの紐帯《ちゅうたい》の物語は、日本人の美質の基礎となる美しい物語であり、まさに国民道徳、国民文学。国民史学にほかならない。また徳川幕府を倒した明治維新（王政復古）は建武の新政の再現であり、明治天皇こそは後醍醐天皇の再来であるはずだった。そういう物語の上に立って、明治という時代はここまで進んできたのではなかったか。

日清、日露という二度の対外戦争に勝利して、日本が一等国になったことで国民の気持が弛緩している今だからこそ、国民の一体感を強める教育の必要性は、かえって高まっている。それなのにいかようにも解釈でき、また議論の余地のある史実などという些事《さじ》に拘って、後醍醐天皇と南朝忠臣たちの紐帯という国民道徳の基盤を蔑ろにされるようなことがあってはならない。国民には楠木正成や新田義貞のような立派な忠臣に育ってもらわねば困るのであり、そのためには南朝正統をゆるがしてはならない——これが牧野の考えだった。

南北朝正閏問題は歴史学上の問題ではなく、政治問題として扱うべきだと考えた牧野は、知己である藤沢元造にはたらきかけた。これが藤沢の質問書提出の背景であった。

二月十六日に藤沢が質問書を取り下げ、議員辞職したことで、この問題には一応の終止符が打たれたかに見えた。

だが藤沢辞職で、ジャーナリズムの関心はかえって高まり、南北朝正閏論争は政府批判の格好の材料として浮上してくることになる。速やかにそれを察知したのは、野党だった立憲国民党の総裁・犬養毅らだった。彼はメディアの関心が高いことを知ると速やかに行動を開始する。そして南北朝正閏論争は、時の桂内閣を揺さぶる政治上の大問題になっていく。

†メディアを席巻した南朝贔屓の言説

藤沢の議員辞職以降、新聞や雑誌は、しきりに南北朝正閏問題に関する記事や論説を掲げるようになった。多くの論者が登場して誌面はにぎわい、一般読者の投稿類も大量に寄せられた。その論調は圧倒的に南朝贔屓に偏っていて、南北両朝を同等視し、足利尊氏を道徳的に批判もしない国定教科書は国体を破壊するものだと攻撃した。これまでの引用でも分かるように、当時の新聞の文体にはまだ文語調がかなり残っていた。その悲憤慷慨調の文体で描き出される後醍醐天皇の悲運、楠木正成や新田義貞の事蹟は、歴史的考察というよりも講談のようだった。

新聞や雑誌に南朝正統論を発表した学者、文筆家は多く、主なところを見ただけでも、牧野謙次郎、松平康國、笹川臨風、猪狩史山《いがりしざん》、井上哲次郎、穂積八束《ほづみやつか》、黒板勝美《くろいたかつみ》、菊池謙二郎、姉崎正治《まさはる》、三宅雪嶺、大隈重信、三浦周行《ひろゆき》、黒岩涙香《るいこう》、副島義一《そえじまぎいち》、伊藤銀月などの名が浮かぶ。

ただし同じ南朝正統論といっても、それぞれの主張内容は微妙に異なっていた。

哲学者の井上哲次郎は小学校国史教科書におけるこの問題は、「国民道徳上の見地から鑑みて」南朝正統でなければならないとし、これを「歴史問題」ではなく「道徳問題」だとした。井上は小学校教育における歴史教育では、歴史上の事実をそのまま教えるのではなく、幼い者に道徳的正しさを教え、愛国心の涵養を図るのが望ましいとしたのである。宗教学者の姉崎正治も井上と同じく、国民を正しく導くためには、歴史は道徳的に語られねばならないと主張して、事実に基づいて北朝論を展開した浮田《うきた》和民《かずたみ》を「結局マキヤベリズムを以て日本の歴史を判断しやうとするものであつて、一種の社会主義的見解としては通り得やうが、日本人の国体観念に道徳の観念が離すべからざる関係があるといふ事実を無視した偏頗の見である」(「国体と名分とを論じて正統論に及ぶ」)と批判した。

姉崎に批判された浮田は政治学者だったが、「南北朝正閏問題」(『太陽』四月号)を発表し、この問題は、事実問題、法理問題、道徳問題の三つに分けて考えなければならないとしたうえで、史実としては実際に南北両皇統が並び立った時代があり、しかも実際に天下を制していたのは足利氏が推戴した北朝であり、このことは南朝支持の立場から書かれた『神皇正統記』さえもが、南朝の元号ではなく北朝の元号を用いていることからも明らかだと論じていた。そのうえで浮田は、史実を無視して「道徳」や「道理」を振り回す南朝論者を批判し、「『道理』といふは何に基ひた道理であるか、亦此の道理といふのと歴史の『実際』との関係は如何」と問うていた。しかしこうした姿勢はマキャベリズムであり社会主義だと、姉崎は断じたのだ。

また南朝正統を唱えた憲法学者の穂積八束は、帝国憲法の「万世一系ノ天皇之ヲ統治ス」という文言を引いたうえで、「天智天皇の詔書天無双日、国無二王と云ふ事を宣定せし事があり、其他の歴代の詔書にも時々見えて居たかと思ふ。是れ即ち、我が不文の憲法を宣訂せられたものであつて、皇位は同時に二つ在るべからずと云ふ意義を明白に為たものである」(「南朝は正統なり」)とし、現行憲法にも歴代天皇の詔書にも天皇は常に一人とある以上は、同時に二人の天皇が立っていたとする見解は反国家の危険思想だとした。

なお、穂積は明治後期から昭和初期までの長きにわたって憲法学界に君臨した重鎮で、その学説には国権主義の色彩が濃く、明治二十四年に民法が制定された際には、明治民法の規定は忠孝涵養の精神が不十分だとして「民法出デテ忠孝亡ブ」を発表したことでも知られる。また晩年には天皇大権の神権説を唱えて美濃部達吉の天皇機関説と対立した。

積極的に北朝正統を唱えたのは、吉田東伍くらいだったろうか。彼は「北朝が正統なり」(「やまと新聞」二月十八日)で、そもそも北朝のもととなった持明院統は兄の家系であって長幼の序からすれば正系であり、また現在の皇室も北朝の後嗣であることを説いた。しかしそうした穏便な説(見方によっては皇室を慮った現状肯定的な説)が、なぜか「不敬」視された。

文筆家や一般投稿には、南北朝自体の史実の検討には踏み込まず、ただ『太平記』の記述や近世に書かれた『日本外史』、そして尊王攘夷運動の原動力となった水戸学の歴史観などを引用して、後醍醐天皇や南朝忠臣の艱難辛苦《かんなんしんく》を讃え、南朝支持でなければ愛国者ではないと批難する論調のものが多かった。内田周平や松平頼寿、朝比奈知泉などはこの系譜に属する。黒板勝美の説もまた、大別すればこうした前近代的価値観を踏襲した立場に含めてよいかもしれない。

黒板勝美は『国史大系』の編集・校訂で業績のある歴史学者で、古代文化の遺跡遺物の保存に努めたことでも知られ、明治期の歴史学界では実証主義的立場を採っている方だった。そんな黒板がなぜ南朝正統の立場を採ったかといえば、三種の神器が南朝方にあったからだ。今日では神道上の問題としてはさておき、政治問題としてこれが論じられることはないだろうが、皇位の象徴とされる三種の神器の所在は戦前には大問題だった。

また北朝の優位を唱えた浮田和民や吉田東伍も（消極的にせよ）北朝を正系とみなしたという意味では、教科書に見られる両朝並立論とは立場が異なっていた。

南北朝時代には二つの朝廷が並立していたのは事実だと明確に主張した者に、久米邦武がいる。歴史学者で、今でも明治四年に欧米に派遣された岩倉具視らの使節に随行した際の見聞録『米欧回覧実記』の著者として名を残している。久米は日本の権力構造は古来、絶対君主的なものではなく、天皇と上皇、朝廷と幕府というように重層的に分割されており、それがかえって国体を強靭なものにしてきたと説き、史実に即した教育の必要性と、それが道徳上問題はないことを主張した。だがメディアや民衆は、これをも国体に対する侮辱であると攻撃した。

この論争――というよりは南朝贔屓の大合唱――を通して、批判の矢面に立たされたのは、歴史教科書編纂の当事者である喜田貞吉と三上参次だった。特に喜田貞吉は議論の初期に南北朝並立という記述の妥当性を主張したため、世間から烈しく糾弾された。新聞のなかには喜田貞吉博士は幸徳秋水の一味であり、国定教科書の記述は国体を破壊し国家の転覆を謀るべく、永年の計画をもって、まずその思想を小学児童に植え付けようとしている、と書き立てたものすらあった。連日、脅迫状が届き、国士と称する輩が自宅周辺を徘徊するに及んで、喜田には身辺警護のための私服警官が付けられる事態に立ち至った。

3 政界の騒乱

†弾劾する犬養毅、冷ややかな原敬

世論が沸騰するにつれて、野党も俄然活気づいた。

日露戦争から大正政変に至る八年間は、長州藩閥の桂太郎と政友会の西園寺公望に因んで桂園時代と呼ばれる。日露戦争当時、挙国一致体制を作る必要から、桂首相は政友会に政府支持を求めた。その際、政友会の原敬は巧みな交渉手腕を発揮し、桂内閣を支援する代わりに、戦争終結後は西園寺に首相の座を譲るという密約を取り付けた。これ以降、藩閥勢力と衆議院第一党の政友会とは協力関係を保ち、桂太郎と西園寺公望が交互に首相を務めていた（ただし西園寺は政党総裁であるだけでなく維新に功績ある元老でもあり、彼の政権は政党内閣とはいえない）。

これに対して、日露戦争以前は時には政友会と協力して藩閥政府を攻撃していた大隈重信の憲政本党は、しだいに勢力を失っていった。大隈の総裁辞任後、憲政本党、又新会《ゆうしんかい》、戊申《ぼしん》倶楽部の一部といった非政友会系の三派が合流して立憲国民党が結成されたものの、衆議院における政友会の優位は動かなかった。

立憲国民党の総裁・犬養毅は、桂内閣との対決姿勢をいっそう鮮明にし、予算審議では国民の好みそうな海軍拡張や製鉄業充実などの要求を出して、政府の緊縮政策を攻撃したが、そのたびに政友会に阻まれて実現できず、かえって国民党の力のなさを露呈する形となっていた。このため党内には、犬養執行部に対する不満を抱く議員が増え、大石正巳《まさみ》を中心に「改革派」として集結しつつあった。改革派の方針は、現状では桂内閣批判はかえって政府と政友会の絆を強めることになるので、攻撃の第一目標を政友会に切り替えて行動しようと考えていた。具体的には、藩閥政府の御用政党である中央倶楽部と協力して、政友会以上に桂内閣に協力することで、与党的立場を得ようというのだった。

議会での孤立に加えて、党内会改革派の突き上げによる分裂の危機にも晒されていた犬養国民党にとって、南北朝正閏論争は政府攻撃の格好の口実となったばかりでなく、党内の結束を取り戻す絶好のチャンスだった。

犬養は、佐々木照山（安五郎）や福本日南の意見も取り入れ、「幸徳秋水の大逆事件、及び南北朝正閏問題について、弾劾的決議案」と題する政府弾劾決議案を執筆し、二月二十一日に議会へ提出した。提出者名は犬養と大石正巳、河野広中の連名（大石も河野も改革派のリーダー格）で、賛同者として島田三郎、箕浦勝人《かつんど》、武富時敏、福本日南、佐々木照山ら八十八名が名をつらねた。

そして犬養は、二月二十三日の帝国議会で苛烈な弾劾演説を行った。この日は政府の要求によって、傍聴人を入れない秘密会とされたが、後に伝えられたところでは、演説のなかで犬養は、〈文部省の官吏中、神器の所在を以て我が皇位の所在とせる皇統継承の大原則を無視し、もし暴力を以て三種の神器を奪ひ去るものありとせば如何などの言葉を弄して憚らざる者あるに至りては、実に許すべからざる失態にて、是れ彼の大逆事件以上のこと云はざるべからず〉と述べたという。さらに犬養は、後醍醐天皇を奉じた楠木正成以下の南朝の忠臣こそ、現代の日本人にとって理想であるのは自明なのに、それを認めないのは非国民的行為だと攻め立てた。犬養毅といえば、数年後に起こる護憲運動では「憲政の神様」と呼ばれ、また昭和七年の五・一五事件で青年将校に暗殺されたこともあって、戦前のデモクラシーを代表する人物と目され、何となくリベラリストだと思われているが、少なくとも明治四十四年の時点では、彼は三種の神器の神聖を言い立て、長州閥の桂太郎を非国民呼ばわりしたのだった。政府を〝不敬〟で攻撃するのは犬養がしばしば用いた手法で、ロンドン海軍軍縮条約を結んだ浜口雄幸内閣を、昭和五年四月二十五日、帝国議会で統帥権干犯《とうすいけんかんぱん》と批判したのも、犬養（と鳩山一郎）だった。

またここで犬養は、南北朝正閏問題を大逆事件と比較しているが、これは当時、広く民衆が抱いた感想でもあった。大逆事件の判決が出たのは同年一月十八日、幸徳秋水らの死刑は一月二十四日に執行されていた。秋水は裁判中、「今の皇室は南朝を滅ぼした逆賊ではないのか」といった発言をしたと噂されており（裁判は秘密会とされ傍聴は不許可）、それがいっそう両者を連想させた。文学者の内田魯庵も、日記のなかにこの二つを結び付けて記載している。

犬養の熱のこもった弾劾演説に接しても、議会多数派の政友会は冷静な態度を貫いていた。政友会の議員の中にも南朝信奉者は少なくなく、弾劾案提出時には、国民党に同調すべきとの声も党内にはあった。だが、西園寺公望は、ことが皇室に関わるだけに容喙《ようかい》を避けようとした。公家である西園寺家も持明院統・北朝系に就いた側が今に至っていた。また、政友会の実務を取り仕切っていた原敬は、事前に桂太郎や山県有朋と面談し、問題が解決したら桂内閣は年内に総辞職して政権を政友会に譲るとの密約を得ていた。

原敬は党内の意見統一を松田正久に頼んだ。松田も個人的には南朝論を支持しており、当初は国民党と協力して政府を糾弾すべきだと発言していたが、政権移譲の密約を知らされ、第二次西園寺内閣のために協力することになった。松田は南朝支持の議員らに「桂首相もこの問題は憂慮しており、近々、小松原文部大臣の辞職、教科書の訂正といった処置が取られるはずだ」と説いて回り、彼らの自重を促した。

原敬はというと、彼は南北朝正閏問題には終始無関心で、歴史上の出来事を道徳問題として持ち出し、悲憤慷慨して見せる輩を冷ややかに見ていた。『原敬日記』のなかで、苦しい立場に立たされた時の小松原英太郎文相に触れ、〈文相の進退に付きては過日松田と内議せしに此際我より辞職の勧告らしき事をなすは妙ならずと考へ（中略）小松原も数年間熱心運動の結果やつと内閣に入りたるも就職以来高等商業学校問題、教科書不足又今回の事件と云ふ失策多きは憫むべき次第なり〉（明治四十四年二月二十五日）と記している。

けっきょく犬養らの弾劾決議案は、政友会に阻まれて否決され、葬られた。議会内での戦いに敗れた佐々木照山らは、精力的に講演や執筆を行って、政府の「非国民」ぶりを世論に訴えた。二月二十四日には神田青年会館で「日本及日本人」主催の南朝論講演会が開かれ、福本日南、佐々木照山は、内田周平、松平康國らとともに弁士を務めた。また翌二十五日には本郷会堂で同様の講演会が開かれた。

こうした南朝論講演会の波は瞬くうちに全国に及び、各地で同じような講演が盛んに催された。それは必ずしも日南や照山らがはじめたものではなく、たとえば水戸では二月十八日にはすでに、水戸市教育会が講演会を行い、「現状教科書は国民教育上不穏当」とする決議を採択し、小松原文相宛に建議書を提出している。また二十五日には水戸弘道館で大規模な南朝論の市民大会が開催され、笹川臨風、横山健堂、飯村丈三郎、小久保喜七、菊池謙二郎らが講演を行った。

†山県有朋の憂鬱

南北朝正閏論は貴族院でも問題にされた。貴族院議員の徳川達孝伯爵が、衆議院における犬養の弾劾演説要旨を参照しつつ、桂内閣の不見識を批判した。長州閥の桂太郎は、天皇や国体に関する事案で、徳川氏から攻められ、不敬呼ばわりされたことに屈辱を覚えた。

この騒動を憂慮し、頭を痛めていたのは山県有朋も同様だった。吉田松陰の松下村塾に学び、若い頃は尊皇攘夷運動に命をかけて奔走した彼は、南朝に仕えた忠臣を理想とし、自らをそれに擬していたところがあった。それだけに南北朝問題は、彼自身の思想から言っても抗弁のしようがない大失態だった。さらにまずいことに、山県はかねてから文部省の歴史教科書へ入嘴《にゅうし》しており、それを自慢してすらいた。

「明治天皇崩御より四、五年前のこと」（明治四十、四十一年頃）として、次のような逸話が伝えられている。

横浜に大老・井伊直弼《なおすけ》の銅像が立てられることになり、その除幕式に多くの貴顕紳士が出席する予定になっていた。しかしその趣意書のなかに、井伊大老を「開国の恩人」と記した一節があるのを見咎めた山県有朋は激怒し、伊藤博文、松方正義、井上馨らの元老も皆申し合わせて欠席する事態となった。

この話には、次のような続きがある。

剛骨の杉浦重剛が文部省編纂の小学国語歴史教科書にも、おなじく文部省検定の中学歴史書にも、井伊直弼は「開国の恩人」と明白に指摘して元老の矛盾を痛撃すると山県はわざわざ自分でそれらの歴史書をとりよせて点検して見て、憤懣おくところを知らず、その編纂の役人をしかりつけてただちに使用を禁じ、それからの歴史教科書の編纂には、自分で口を出して指図したと言われる。彼の眼中、政府も文部省もあったものではなかったのだ。(木村毅『新文学の霧笛』)

山県有朋は実態はどうあれ、維新を成し遂げ、今に至る明治体制を築いてきたのは自分だという自負心が強く、あらゆることに口を出す特権を当然視しているところがあった。そのような日頃の態度、専横な発言が仇となり、今回の国史教科書の不備について、責任を感じなければならない立場にあった。小田原の古稀庵で、事件の第一報を聞いた山県は「全身をひきつらせて『桂はなにをしている』と叫んだ」(藤村道生『山県有朋』)という。

山県有朋のもとにも非難や陳情、諫言《しんげん》や助言が諸方から寄せられた。山県の周辺には以前から儒学や国体論に詳しい有識者が出入りしており、彼らは直接、山県と面談して意見を述べている。

†鷗外担ぎ出し工作

森鷗外の周辺でも動きがあった。『森鷗外日記』には次のような記述が見える。

二月二十三日（木）晴。暖なり。茉莉頭痛咳嗽ありて上校せず。（中略）太田正雄来て自作の稿を示し、青年中の錯誤を指示す。賀古鶴所《かこつるど》来て、市村瓚《さん》次郎、井上通泰の二人と古稀庵を訪ひ、南朝正統論をなすべきことを告ぐ

二月二十七日（月）。（中略）夜賀古鶴所来て南朝正統論同志者の行動を報ず。

古稀庵とあるのは山県有朋の屋敷で、賀古鶴所が鷗外に、市村瓚次郎、井上通泰の二人とともに山県邸に行き、南朝正統論を説くように勧めていることが窺われる。賀古鶴所は鷗外の学生時代からの親友で、遺言状で「少年ノ時ヨリ老死ニ至ルマデ一切ノ秘密ナク交際シタル友」と呼んだ人物だ。鷗外を山県有朋に紹介したのも賀古で、軍医・官僚としての鷗外の出世の手助けをしようと努めた。今回の件も、賀古自身が南朝論者だったためばかりでなく、鷗外の栄達のためにもここで山県に何かいい知恵を授けるよう勧めに来たものと思しい。しかしこれは、鷗外にとってはありがた迷惑だったようで、賀古の勧めでも動かなかった。

事件が大事になり、世論が沸騰すると、桂太郎は山県のもとを訪れて、内閣総辞職をすべきかどうかを相談している。山県としても、ことがことだけに闇雲に世論を抑えることも憚られた。山県自身も南朝論者だった。とはいえ現皇室の尊厳にも関わる重大事案なだ

けに、拙速な策を打つわけにもいかず、対応に苦慮した。山県は再三にわたって陸軍大臣寺内正毅に手紙を送り、自分の所信を伝えるとともに、善後策を講ずるよう促した。

寺内は桂太郎同様、山県直系の長州閥で、明治三十四年に第一次桂内閣で陸軍大臣に就いて以降、第一次西園寺内閣、そして事件当時の第二次桂内閣と、政権が代わっても引き続き陸相を務めていた。それだけに政友会とのパイプが太かった。

こうして寺内に議会対策を指示する一方、山県自身は枢密院会議に先立って上京すると直ちに参内して天皇に拝謁し、政府の教科書編纂に対する趣意を奏上した。そして南北朝のいずれを正系とすべきかについて聖旨を伺った。この時、明治天皇は山県の言葉が終わらないうちに「山県、それは維新の折に既に定まっていたことではないか」と言われ、山県は恐懼《きょうく》して退出されたといわれている。また桂内閣の総辞職に関しては、事態を収拾した後とするようにとも言われた。

天皇が「それは維新の折に既に定まっていたこと」と述べたのは、幕末動乱で奔走した山県ら討幕派が、自身を南朝忠臣になぞらえ、明治維新（王政復古）を第二の「建武の新政」とみなしてきたことを指している。明治天皇自身は北朝の皇胤なので内心どのように思っていたかは分からないが、ともかく天皇の内意を伺ったことで、政府は次の決定を下した（引用は「東京朝日新聞」明治四十四年二月二十八日による）。

南北朝正閏問題一度起こりて甲論乙駁、学士博士の論争となり、議会の問題となり、藤沢代議士の発狂となりて、何時果つべしとも見えざりしが、果然文部省は二十七日左の通牒を全国各地方長官に発したり。

一、児童用尋常小学日本歴史巻一第八十頁第二行「錦旗を押し立てゝ」は尊氏が賊名を避けんが為になしたる事にして、即ち尊氏の姦猾《かんかつ》を証するものなること。

二、高等小学日本歴史巻一第八十三頁第七行第八行「錦旗を押し立てゝ」の意義前項に同じ。

三、教師用尋常小学日本歴史巻一の下は文部省に於て、南北朝の部分に関し修正を必要とする廉あるにつき之を使用せざること。

而して教科書全部の修正に就ては文部省に於て専ら調査中との事。

▲喜田博士は休職

図書調査委員喜田博士は昨日左の如く休職を命ぜられたり。

文部編修従六位文学博士　喜田貞吉　文官分限令第十一条により休職を命ず

だがこの時点ではまだ、検定歴史教科書に不備があったと認めただけで、「南朝正統」の発表には至っていない。そこまで踏み込むにはなお調整が必要だった。宮内省幹部には北朝正統と自明とする意見が圧倒的だったのである。

宮内省や天皇側近には公家華族が多かったが、彼らはそもそも持明院統と大覚寺統、北朝と南朝の分裂期に、各家にそれぞれ両派に肩入れする者が現れ、それが家督争いと絡んで分裂していた。南北朝期に並立していたのは、皇室だけではなく公家の諸家も分裂並立していた。そして幕末維新に残っているのは、多くが北朝に従った者の子孫だった。

そんな彼らにとって北朝の正統性は、各氏の正統性ともつながる大切なアイデンティティーだった。これまでも明治十四年に宮内省が皇統譜編纂事業に着手した際、図書頭児玉愛二郎が北朝五代を皇統に加えずに南朝を正統と数える判例を作った際には、省内で多くの批判が起こって物議を醸した。一方、外国政府から現在の天皇（明治天皇）は何代目の天皇かとの問い合わせを受けた際には、第百二十四代と、北朝の代位で返答してきた。

この問題に関しては政府内でも見解が分かれており、内務省が南朝を採る歴代表を作って文部省に移牒《いちょう》し判断を求めた際には、文部省は北朝歴代を付記したものを作成し、さらに宮内省に移牒した。宮内省は「これではまるで南朝が正統のように見える」として、北朝歴代を正統とし、これに参考として南朝歴代を付記したものを作成して、これをもって公式回答とした。宮内省では数年後に公表する予定の皇統譜でも、北朝正統とする考えだったといわれる。

†勅裁による決定

こうした勢力の抵抗もあり、また微妙な課題なため、山県らも対応に気を遣い、再び山県が小松原文相と共に参内し、南朝正統でよいとの天皇の内意を確認、二月二十八日に枢密院を召集して、南朝正統論を国是とする方針を内定、閣議も同様に決した。

だがそれを公式に決定するのは臣下の分限を越えており、天皇のお言葉が必要だと元老達は考えた。そして翌二十八日、桂太郎首相は天皇の御座所に謁し、前日の閣議の議定を上奏したうえで、天皇の聖裁を仰いだ。

これにより三月三日に南朝を正統とする旨の勅書が発せられ、ここに南北朝正閏論争は終結した。ただし北朝歴代の祭祀は従来通りとされ、天皇の御霊として扱われた。この決定を受けて姉崎正治は「今上陛下は御血統においては北朝系にましますが、御皇統においては南朝の正統を継いで居られる」という趣旨の談話を出している。

こうして「南北朝時代」という記述が、歴史教科書から消されることになった。

文部省訓令第一号

北海道庁、府県へ

明治四十三年文部省訓令第十三号師範学校教授要目中左ノ通改ス

明治四十四年三月十四日

文部大臣　小松原英太郎

歴史科第一部男生徒ノ部、日本歴史第一学年「両皇統ノ交立」ヲ「朝廷ト幕府」ニ、「建武中興」ヲ「建武中興　足利尊氏ノ反」ニ、「南北朝」ヲ「吉野朝」ニ改ム

明治四十四年十月に文部省が発行した『尋常小学　日本歴史』では、それまで「建武の中興」の次にあった「南北朝」の項目はなくなり、北朝五代の天皇は教科書から消えた。「吉野の朝廷」として南朝のみが日本の朝廷であるかのような表題に変えられた。十四世紀のある時期、日本の都は京都を離れ、吉野に移っていたことになった。

「吉野朝」の記述は終戦まで続く。その項目では、「されば官軍は、楠木・新田・北畠等の忠臣相ついで死せし後も、なほよく大勢を支へることを得たり」などと、南朝を官軍とし、その兵を「忠臣」と記されているのみか、あたかも南朝が軍事的にも優勢であったかのような記述がある。南北朝合一については「かくて後亀山天皇第九十八代の御世となり

て、尊氏の孫義満の奏請を納れ給ひ、京都に還幸ありて神器を後小松天皇第九十九代に伝え給ふ」とされた。

小学校の国史教科書では、これ以降の改訂でも、天皇に忠義を尽くしたとされる者を賛美し、幕府を開くなどした者を逆賊として糾弾するような記述が増えていく。足利尊氏は極悪人であり、源頼朝や徳川家康も逆賊扱いだった。平家では清盛の扱いは低く、後白河に寵されて父を諫めた平重盛は高く評価されるといった具合。織田信長も、幕府を飛び越して朝廷へ献金した事績などが大きく扱われた。

一方、歴史学界では、通俗史学の嵐が去った後は、再び実証的な歴史学の立場が優位となり、南北朝正閏問題についても批判がなされたことがあった。大正八（一九一九）年、東京帝国大学教授の田中義成は名分論的な正閏論を批判し、「南北朝時代」を再規定した。以後、義務教育課程の国定国史教科書の記述はさておいて、歴史学者のあいだでは「吉野朝時代」ではなく「南北朝時代」という記述が広く採用されるようになった。

しかし昭和六年の満州事変勃発以降は、またも「南朝顕彰」が盛んになり、歴史学界への圧力も強まった。教科書では、南北朝合一の「理由」や、足利尊氏の逆賊性が、ますます強調された。例えば昭和九年三月文部省発行『尋常小学国史・上巻』では「後亀山天皇は、戦乱をしづめて、万民を安心させようとの思召しから」京都に還幸したと書かれている。これが、昭和十八年文部省発行『初等国史・上』では「もともと、足利氏は、欲に目がくらんで、朝廷にそむきたてまつり」と述べ、三代将軍義満は「後亀山天皇に、おわびして、京都へお帰りくださるやう、ひたすらお願い申しあげました」とされた。歴史は過去の出来事を記述するものではなく、今現在の政治であることを印象付ける出来事だった。

太平洋戦争に敗れると、日本は連合国軍最高司令官総司令部（GHQ）の支配下に置かれた。敗戦直後、それまで使用していた教科書に墨が塗られたことは、よく知られている。ここでも教育は政治とともにあった。

敗戦後の日本で歴史教育再開が許可されたのは昭和二十一年十月十二日のことだった。日本政府は同年九月に『くにのあゆみ』を発行していたが、そこには「京都と吉野」という項目があり、南北朝の並立が「吉野が皇居になりました。一方京都には、光明天皇がおいでになりました。これからは、公家も武家も、思ひ思ひに、両方の朝廷に仕へて、たがひに争ひをつづけることになります」と表現された。その後、制度が変わって国定教科書はなくなった。しかし現在の歴史教科書や参考書などに付された系図でも、やはり南朝を正統として代位を数えているものがほとんどである。

それにしても「南北朝」という表記は、明治三十六年に教科書の国定化が決まり、三十七年に国史教科書が発行されてからずっと国定教科書に載っていたし、それ以前の検定教科書にも記載されていた。それが明治四十四年になって問題化したのはなぜか。

背景のひとつには大逆事件がある。大逆事件の出来《しゅったい》ならびにその影響を恐れた政府は、青少年の道徳教育、愛国心涵養を徹底すべく、教育界の引き締めを図った。このため明治四十三年十一月前半に、文部省が全国の師範学校の校長ならびに倫理科教師を集め、十日間にわたって研修会を実施した。この講習会の出席者は、講習内容をそのまま地元に持ち帰り、各地方の小学校教師を召集して復講博達することとされていた。

講師を務めたのは、井上哲次郎、穂積八束、喜田貞吉、吉田熊次の四人だった。井上は「国民道徳の要旨」を説き、穂積は憲法上から見た日本の国体ならびに家族制度について講じた。そして喜田は日本式養育について講義したのだが、この講義のなかで南北朝時代に触れ、歴史的事実としては北朝の優位が終始続いて両朝合一に至ったと説明した。この説明に対して、場内からは不満の声が上がった。これでは道徳教育ができないと発言する若い倫理科教師もいたといわれる。

この出来事を知って、南北朝正閏問題を政府を揺さぶる事件化させることを構想した者がいた。峰間《みねま》信吉《しんきち》（号・鹿水《ろくすい》）という元教師の教育ジャーナリストだった。

峰間鹿水の経歴ならびに行動は、明治体制が整って元勲らが貴族化し、帝国大学を頂点とする学歴社会が強固なものとなった時代の、野心ある非エリートのメンタリティの典型として興味深い。それはまた昭和戦前期に、ようやく獲得したはずの普通選挙や、二大政党による議会政治に幻滅した大衆が、テロリズムを一面では支持し、空疎な美辞麗句に彩られた「新体制」に流れていった心情を先取りしているようにも思える。

峰間鹿水（峯間とも。一八七三～一九四九）は茨城県鹿島郡大野村に生まれた。家が貧しかったために上級学校への進学は思いもよらなかったが、高等小学校を卒業すると小学校雇員《こいん》になった。雇員とは教員を補助する仕事で、成績優秀だった証拠だ。その後、鹿水は苦学して師範学校に進み（師範学校は寄宿制で学費は官費で賄われた）、正規の小学校教諭となった。しかし鹿水は明治二十九年三月、小学校の卒業式で訓話した際、政府を批判したとして辞職させられることになる。

問題視されたのは次のような発言だった。

小国民を教育し、かてて加えて国民士気の振興を計るのは我々教育者の責任である。

然るに、斯る重要たる任務に就ける人物を待遇するに実に言語道断な薄遇を以てして居る。(中略)わづか十二円の月給を二円は天引きされて居るやうなわけで、これで股肱《ここう》となす底の信頼を受け得るまで、努力が続けられませうか。生涯息まず努めても、大臣大将は疎か、月給の頂上も高が知れている。その知れた高をチョン切られている悲しさ。

当時、政府は戦費調達のために公務員の給与を一部カットしており、小学校の教職員の給与も減らされていた。峰間は常日頃から、小学校教師は将来の日本を背負う子供たちを教えているのだから、その重要性、国家への貢献度では軍人に優るとも劣らないと述べており、そのような論法で教員給与の削減を批判していた。校長は発言撤回を求めたが、逆に校長の言葉尻を捉えて反論、この時はうやむやのうちにことがすんだ。その後、地元の小学校校長を経て、明治三十七年に東京府立第三高等女学校教諭に転出した。鹿水の学歴からすればけっこうな出世だ。

だが明治三十九年三月、鹿水は水戸で開催された県教育総会で「当代における待遇上の三大問題」と題する講演を行い、苛烈な体制批判を行った。当時、師範学校生徒が寄宿舎から脱走する事件が起きていたが、鹿水はこれを国や県が経費削減でろくに食事も与えないためだとし、教員・師範学校生の待遇改善のための連帯闘争を呼びかけた。主催者側は途中で制止したが鹿水はやめなかった。この講演が直接の原因となり、鹿水は危険思想の持ち主として免職処分になった。

国家社会主義への予兆

鹿水は教育界の刷新を世論に訴えるべく、明治四十一年十一月、雑誌「教育文壇」を創刊。この雑誌は翌年に「教育壇」さらに「教育公論」とタイトルを変えながら継続していく。鹿水は明治四十二年に東京市富士前尋常小学校校長として教育界に復帰するが、「教育壇」時代に知り合った「読売新聞」の足立北鷗《ほくおう》や木山熊次郎らとの太いパイプもあり、

上　峰間鹿水編『国定教科書に於ける南北朝問題始末 追補』
下　『教育界臨時増刊　南朝号』（峰間鹿水が発行していた雑誌）

その後も文筆活動を続けた。また富士前尋常小学校の訓導・石田吉三がジャーナリズムに興味があることを知り、これを北鷗に紹介して「読売新聞」の教育記者として採用してもらった。

明治四十三年になると不景気のために財政がますます悪化し、教員給与もいっそうの削減が行われた。当時の公立小中学校の教員給与は地方自治体が負担していたが、鹿水はその不足分を国庫から援助してもらおうという運動をはじめた。地方自治体のなかには、当初はこの請願運動に好意的なところもあったが、同年十月に桂内閣が各府県知事に請願の禁止を訓令すると事態は一変し、鹿水の運動は頓挫する。

この直後に催されたのが、文部省の講習会だったのである。

鹿水は「万朝報」「中国民報」などで記者を歴任したユートピア的社会主義者の田岡嶺雲を訪ねて各方面への紹介を依頼し、南北朝正閏問題を社会・政治問題として取り上げる準備を進めた。十二月に入ると八百枚の年賀状を用意し、小学国史の問題点をあげて、これを訂正させるべく議会で問題にしたいので援助を願う旨を印刷して、各方面の有力者に送った。また十二月中旬、文部大臣私邸に押しかけて小松原文相に面談を申し入れた。この時は拒否されたが、十二月三十一日に再訪した折には、文相は直接面談に応じた。この間、南北朝正閏問題は徐々に教育関係者のあいだで不穏視されはじめており、小松原文相の耳にも達していたらしい。この時の会談の内容について、鹿水は後に「小松原文相も心を痛めており、涙をこぼした」と書くことになるのだが、粉飾の多い回想なので注意を要する。

その後、藤沢元造が衆議院に質問書を提出したことでこの問題が表面化し、かねて鹿水の依頼を受けて論戦の準備をしていた足立北鷗や豊岡半嶺らが苛烈な論説を書くことになる。半嶺は読売の記者であり、田岡嶺雲の弟子でも会った。

彼ら事件の「仕掛人」の人脈図は興味深い。この問題では国家主義を唱える鹿水と、社会主義者の嶺雲が共闘していた。そもそも峰間鹿水は、自分の立場をあくまで愛国者と位置付けていたものの、彼の具体的な主張はブルジョワ政治への批判であり、格差是正、教員の待遇改善を求めるもので、労働運動的ないし国家社会主義的なものだった。

明治末期、維新の元勲達は大華族となっていた。彼らのありよう自体が、彼らが「極悪人」とする足利尊氏のようなものになっていた。その矛盾を十分に突くことはできなかったものの、この事件を通して鹿水は一定の勝利を得ることができたようだ。それは南朝正統論を押し通して文部省に屈辱を与えたということのほかに、あたかも歴史教科諸問題の慰撫策のようにして、若干の教員待遇改善がなされたのである。

四十三年に鹿水らが運動した小学校教員俸給国庫補助増加案件は、政友会が提案したものの実行時期は未定とされていた。それが事件発生直後の二月十七日、他の予算を削って急遽、実施が決定された。あるいは鹿水の真の狙いはこちらにあったのではないかとも考えられる。だが、目先の勝利を得た一方、これより後、教育現場に対する政府の管理は一段と強まっていくことになる。

なお鹿水はその後、日本大学教授、東京商大予科教授に抜擢、また政界進出も図った。彼は南北朝正閏論争を自らの業績として宣伝し、政治と教育の一致を主張して衆議院選挙に出馬した。この時は落選したものの、後に東京府議会議員には当選を果たしている。

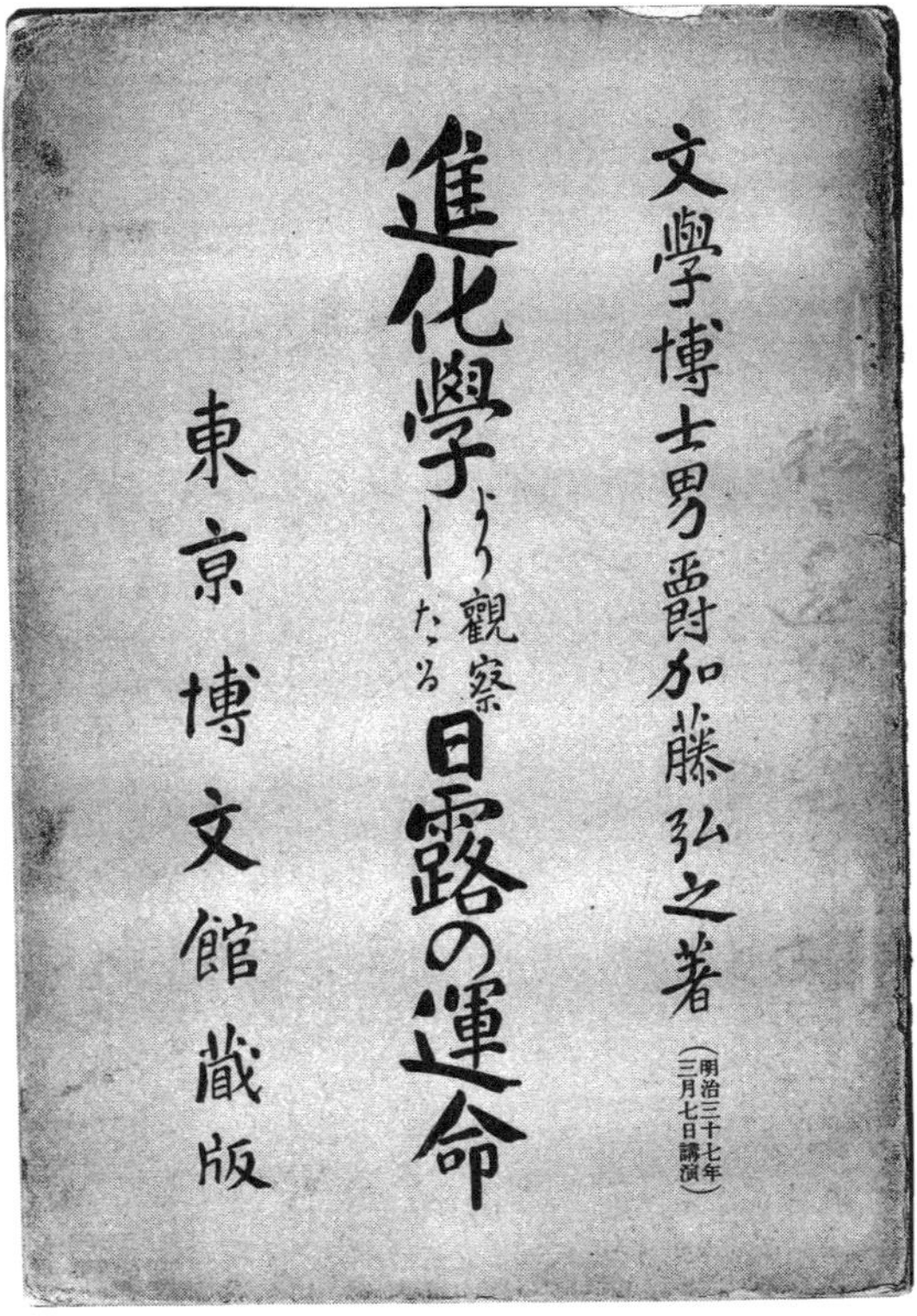

第四章

進化論と国家思想

——イデオロギーと科学が対立する時

加藤弘之『進化学より観察したる日露の運命』表紙

1 進化論の移入

†進化論の何が問題なのか

本来なら学問上の問題として事実関係の検証を中心に議論されるべき課題が、政治や道徳（国体）教育によって歪められる事例は、自然科学の分野にも及んだ。ここでも問題となったのは、学術上の議論と国民道徳（国体）の不整合である。明治末期から大正初期にかけて、進化論をめぐる神学論争が勃発、生物の教科書や大学における研究にまで影響する事態となった。

欧米ではダーウィンの進化論が発表されるや、キリスト教の教理に抵触するとして大問題になり、激しい論戦が繰り広げられたことがよく知られている。聖書には、神は自らに似せて人を創ったとあり、ヒトはサルから進化したという考えは、大スキャンダルだった。

動植物が種に分岐し、また交配によって変化することは、ダーウィン以前から知られていた。農作物や馬などの家畜、あるいは狩に使うための犬などに関して、すでに交配による品種改良が経験的に行われていた。そもそも進化思想自体はダーウィンに先行して存在し、そのたびに教会権力によって弾圧されてきた経緯がある。なかでもラマルクは『動物哲学』(一八〇九)を著し、進化論を体系的にまとめて世に問うたが、やはり受け入れられず不遇のうちに亡くなっていた。詩人のゲーテは形態学者でもあり、この問題に強い関心を抱いていた。彼は動植物のメタモルフォーゼを、向上しようとする精神の表れと見ており、ラマルク派のサンチレールが創造説派と論争した際には、これを革命以上の出来事として関心を寄せていた(エッケルマン『ゲーテとの対話』にその記載がある)。

創造説は「神は七日間で世界を創った」という聖書の教えを科学的にも真実とする立場で、教会公認の学説だった。分類学者として大きな業績のあるキュビエは、ナポレオンにも信頼されていた当時の学界の雄だったが、動物の多様化については一定の認識を持っていたものの、あくまで創造説を採っており、ラマルク説を葬る役回りを演じた。

ちなみに日本でも、心学者の鎌田柳泓《りゅうおう》が『心学奥の桟』(文政五=一八二二)のなかで「一種の草木変じて千草万木となり、一種の禽獣虫魚変じて千万種の禽獣虫魚となる」というメタモルフォーゼを中核に据えて、遺伝や交配から獲得形質の遺伝に言及した上、人もまた「禽獣より展転変化して生じ来るもの」であり、その発生は動物のなかで「最後にあるべし」という一種の系統発生説を展開した。ただしこれはまったく世間に広がらないまま埋もれている。

キリスト教圏ではない日本では、欧米に比べて進化論がスムーズに移入されたといわれている。それが次第におかしくなりはじめたのは、日露戦争の頃からだが、当初はスムーズに受容された進化論が、二十世紀初頭になって問題視されるに至った経緯を見ていくのが本章の狙いである。

†モースによる進化論紹介と社会進化論の浸透

日本でも進化論は社会に大きな影響を与えたが、その受容と衝撃の意味合いは欧米とは異なるものだった。

日本にダーウィンの進化論を正式に紹介したのはエドワード・シルベスター・モースだった。動物学者として特に腕足類の研究に熱心だったモースは、貝類が豊富な日本に関心を抱き、一八七七（明治十）年に来日した。そしてまず江ノ島で貝類の採取調査を開始した。そこに東京大学で動物学を講義してほしいとの依頼が舞い込み、以後二年間にわたって動物学を講じた。その一連の講義のなかで、進化論も紹介されたのだった。

モースが進化論に関する三回にわたる連続講義を行ったのは明治十年のことで、第一講は十月六日夜に行われた。この講義の前評判は非常に高く、他科の教授や政府高官も出席した。なかには夫人同伴の者もいたという。参集した学生は五百人から六百人にのぼったというから、当時の在校生はほとんど聴講したのではないだろうか。

日本へのダーウィン進化論の紹介は、早くは葵川信近《あおいかわのぶちか》『北郷談』（明治七）に言及があり、続いて伊沢修二がトマス・ハクスレーの著書を『生種原始論』（明治十二）として訳出している。ちなみにハクスレーは「ダーウィンのブルドッグ」と渾名されるほどの苛烈な進化論者で、教会との軋轢を恐れたダーウィンに代わって、苛烈な論争を展開した。

モース自身は講義に対する日本人の反応に、とても満足したらしい。モースが以前アメリカで進化論の講義をした際には、キリスト教の教理との関係で、教会に気兼ねしながら話す必要があり、それでも物議を醸して立場を悪くした苦い記憶があった。日本という異郷で、進化論という新しい知識を自由に説明できることを、科学者としてのモースは非常に愉快に感じ、熱意をこめて講義したと後年述べている。

その講義の内容は、門下生の石川千代松が筆記したノートをもとに、『動物進化論』として明治十六（一八八三）年に刊行された。これによって進化論の概要が日本の知識人のあいだに広く知られるようになった。

モースも苦労したように、ダーウィニズムは欧米では「人はサル（と同系統の祖先）から進化した」という人獣同祖説が、「人は神が自らに似せて作られたもの」とするキリスト教の根本教理に抵触する点が最大の論点となっていた。これに対して日本では、宗教的抵抗感が少なく、人獣同祖説は大きな関心を引く問題点とはならなかった。

進化論に触れた日本人が強く反応したのは、生存競争による自然淘汰という側面だった。当時専ら用いられた言い回しだと「優勝劣敗」である。弱い者は押しのけられ、強い者が勢力を拡大していく。それは欧米列強の帝国主義的野心によって開国させられ、自らも近代化競争に参加しようとしていた日本にとって、自分たちが直面している現実そのものを解説する理論として受容された。自然法則に則って「生き残り」を図らなければならないというのが、国家にとっても個人にとっても最優先の課題だった。

明治期に受容されたのは、本当のダーウィン進化論というよりスペンサー流の社会進化論だったが、黒船来航で開国を強要され、競争社会のなかで列強諸国に伍してゆかねばならなくなった日本にとっては自明の世界観だった。また国内的には、泰平をむさぼって衰微した徳川幕府を排除し、新政府の権力を占有した薩長藩閥を正当化する理論でもあった。「優勝劣敗」「適者生存」という形で単純化された進化論の理念は、そのまま「富国強兵」という国是、「立志出世」という個人目標とシンクロして理解され、その「現実適合性」によって、俗流の進化論は近代日本で急速に浸透した。

こうした事情だったので、明治の一般読書人（生物学専攻の研究者を除く大多数の知識人も含む）にとって、進化論はダーウィニズムというよりスペンサーの社会理論、つまり生物進化の学理ではなく、社会進化論を意味していた。

†優生思想と進化論

そもそもモースの講義自体、欧米の厳密なダーウィニズムを伝えるものではなく、俗流に嚙み砕いたものだったというのが定説である。これに対して、科学思想史家の渡辺正雄は、たしかに『動物進化論』には粗雑な説明や飛躍があるとしたうえで、モースの進化論理解自体はかなり厳格かつ緻密なものだったが、地質学や比較解剖学、古生物学などに関する基礎知識が十分でなかった当時の日本人の理解力に合わせて語ったために、結果としてこのような講義になったとの見解を示している（『日本人と近代科学』一九七六）。ただしモース自身、進化の理論を人間社会に当て嵌めるのは妥当なことだと考えていたようだ。アメリカに帰国した後、モースは"Natural Selection and Crime"（1892）という論考を発表し、家畜に対するのと同様、人間にも犯罪者や勤労意欲のない者を人為的・法律的に淘汰すべきだと主張している。これは優生学につながる思想だった。

一九三〇年代にナチス・ドイツが声高に主張した民族の純血、劣等民族の排除といった優生思想は、進化論と連動する形で十九世紀には胎動していた。進化論は生物の進化を、単純（下等）から複雑（高度）への進歩として描いた。人種間の優劣問題はダーウィン自身の主張ではなく、これを人間社会に応用した俗流の社会ダーウィニズムによって喧伝されたものだったが、十九世紀後半以来、欧米でも日本でも広く人々の思考のなかに組み込まれることになった。

現在、進化が起こるメカニズムは遺伝子に生ずる突然変異と環境適応による自然選択の結果生ずるという総合説が主流になっているが、十九世紀末から二十世紀初頭にかけての時期の生物学界では、自然選択説はそれほど重視されていなかった。進化の誘引は、むしろ生物はもともと一定の方向に進化しようとする内的傾向を持っているとする定方向進化説や、獲得形質の遺伝を進化の主要因とみる新ラマルク主義を支持するものが多かった。獲得形質の遺伝とは、個体が獲得した後天的能力（環境適応への努力など）が子孫に遺伝するという考え方で、遺伝子細胞だけでなく体細胞の情報も子供に伝わると考えられていた時代の名残だった。

獲得形質の遺伝説の通俗的解釈から、親の努力が子供に伝わるという血統主義につながる要素が出てくる一方、社会環境を重視する要素も生まれたが、英国では「育ち」より「氏」とする識者が多く、優勝劣敗の強調は血統主義からさらには民族的優劣論にまでつながっていった。それは自然科学からはみ出したイデオロギーで、ダーウィン進化論に基づく動物進化の系統樹に人種差別的妄想を継ぎ足して、サルから人への系統樹のなかに、有色人種をサルに近い劣等民族、その上に高度な白人を位置づける者すら出てくる。進化論や遺伝学、さらには統計学とも結びついて優生学が生まれたのも十九世紀後半のことだ。

一方、日本は欧米列強から差別を受けた側だったこともあり、明治前期にはしばしば日本人種改造論がいわれたが(福沢諭吉、高橋義雄など)、この主眼は合理的制度の導入や生活習慣の改善による日本人の資質向上にあった。高橋義雄の『日本人種改良論』(明治十七)のように黄白雑婚による人種改良を提起する者もいたが、これには内外融和という視点もあり、またナチスなどの純血主義とは真逆のものだった。当時は現実には内地雑居が問題にされていた。列強諸国には治外法権が認められていたので、居留地以外への外国人居住を自由に認めると、日本人の権利が侵犯されるとして制限されていたのである。日本側は条約改正交渉の際には、その制限解除を治外法権解消との交換条件として持ち出していた。生物学的な優生思想が本格的に導入されるのは明治後期のことになる。

社会ダーウィニズム(Social Darwinism)は、スペンサーの社会進化思想から発展したものだが、厳密にいえばスペンサーが社会進化思想を抱いたのはダーウィンが『種の起源』(一八五九)よりも早く、『社会静学』(一八五〇)のなかですでに、周囲の条件に不適合なものは排除され、適応したもののみが残る「厳しい自然の規律」について述べていた。彼はその理論に従って英国の救貧制度を激しく批判していた。その後、ダーウィンの進化論が出ると、その自然淘汰説を取り入れることで、スペンサーはさらに自身の理論を改良強化し、社会ダーウィニズムとして確立していった。

アメリカでは、「レッセ・フェール（自由放任主義）」が、スペンサーの社会ダーウィニズムとアメリカ的な「資本主義の精神」を結びつけることで、経済格差を肯定する理論を打ち立てた。これは建て前としては、中産階級の健全な努力を肯定するイデオロギーという姿をとっていたが、適者生存による企業淘汰や独占体制、政治の不介入による現状維持を是とする思想につながる、大企業家に有利な保守主義的な理論だった。

一代で石油王となったジョン・D・ロックフェラーは、経済競争の勝者を美しいバラに喩えて「アメリカン・ビューティ（バラの品種）は、周りに育つ小さな蕾を早めに摘み取ることによってのみ、鑑賞家に喜ばれる見事で香りの高い花を咲かせることができる。これはビジネスでも悪い傾向ではない。すべての自然の法則や神の説によるものである」と語った。ここで語られている「鑑賞家」は神ではなく消費者であり「神の摂理」はキリスト教のそれではなかった。キリストなら、品種改良されたバラよりも、ソロモンの富よりも、野の花を賞賛されるはずだ。だがロックフェラーは、おそらく自分の言葉を矛盾なく信じていたのだろう。

2 加藤弘之——天賦人権から進化論的帝国へ

†「転向」の生涯

当時の日本で進化論の影響を強く受け、それによって政治的立場を急旋回させた人物に加藤弘之がいる。加藤は近代日本草創期の法学界の権威であり、自由民権運動の理論的支柱ともなっていたので、その「転向」は民権運動に衝撃を与えた。

また文学ジャンルで加藤に匹敵する思想転換を促したのが坪内逍遥だった。逍遥は『小説神髄』(明治十八〜十九)のなかで文芸書ジャンルを進化論の系統樹のように示し、「仮作物語」を「奇異譚(ロマンス)」と「尋常の譚(小説)」に二分して、小説こそが進化した文芸であり、寓意物語(アレゴリー)や奇異譚は淘汰されるべきものとみなした。この奇異譚のなかには民権運動喧伝を目的とした政治小説なども含むと考えられたため、逍遥の理論は結果的に「政治」と「文学」の分離に与することになる。

坪内逍遥には自説によって民権運動に打撃を与えようという意識はなかっただろうが、法学者・加藤弘之の場合は、国家の根幹となる政治姿勢を転換させよう(あるいはその転換を阻もうとの）明確な意図があった。

加藤弘之はその生涯のなかで、幾度かの大きな「転向」を行った。そのありようは幕府瓦解・新政府樹立に関わり、明治国家の建設に参加した立志出世型人生のひとつの典型例、成功例として興味深い。進化論による学説変更の意味を理解するためにも、また強《したた》かな明治人の一面を知るためにも、彼の人生を眺めてみたい。併せて体制が整う以前の、さまざまな可能性を秘めていた明治初頭の新政府体制についても簡単に振り返りたい。

加藤は天保七（一八三六）年に但馬《たじま》出石《いずし》藩士・加藤正照の長男として生まれた。加藤家は上士で、小藩とはいえ出石藩家老を出したこともある家柄だった。弘之は嘉永五（一八五二）年に江戸に出ると、佐久間象山門下で洋式兵学を学び、安政元（一八五四）年には大木仲益に入門して蘭学を修めた。黒船騒動後の万延元（一八六〇）年、幕府の蕃書調所に出仕するようになり、幕臣となる。初めは教授手伝だったが、やがて教授職並を仰せ付けられ、幕府瓦解直前には目付に任じられた。体制が崩壊する時には、旧組織にとどまる者に対して官職の大盤振る舞いが行われることがある。太平洋戦争時にも、学徒出陣で短期教練されて少尉に任官した者の多くは敗戦直前に二階級特進して「ポツダム大尉」と呼ばれたが、加藤弘之が目付に任じられたのもその類だった。

それでも加藤は、その恩義に報いようと思ったのか、幕府瓦解の折には江戸城に立て籠もると唱え、「自分はそんな義理はない」と言い切った福沢諭吉を裏切り者呼ばわりした逸話は有名だ。だが福沢がその後、何度請われても遂に新政府に出仕しなかったのに対して、加藤は「幕府敗戦」の翌年である明治二年にはすぐに新政府に仕え、外務大丞《たいじょう》に任じられている。

それでも加藤が有能な、進取の気風に富んだ人物だったのはたしかだ。蕃書調所ではドイツ学（ドイツ語文献の調査）に取り組み、文久元（一八六一）年に「鄰艸《となりぐさ》」を著し、日本にいち早く立憲政体を紹介している。ただし当時は公刊されず、幕府内部で一部の者に上覧されただけだった。

徳川慶喜は大政奉還に踏み切る前に幕府の統治システムを大幅に改めて国家体制を立て直そうと構想しており、諸藩主による会議や諸藩士から抜擢した人材による官僚制と一種の合議体制の創設などを考えていたが、そこには加藤らがもたらした新知識の影響が見て取れる。しかし、幕府の弱体化は立て直し不可能なところに至っており、幕府開明派の体制構想は、一部が新政府に引き継がれることになった。

加藤弘之

†開明的な提案

明治新政府に出仕するようになった当初、体制がまだ固まっていなかったこともあって、加藤は開明的な提案を政府内部で展開していた。明治二年に公議所に提出した「非人穢多《えた》御廃止之儀」もそのひとつである。江戸時代、士農工商の四民の下に位置づけられて不当な差別を受けていた人々を対等身分にすべきとの意見書であった。

加藤が議案を提出した公議所は、明治二年三月七日に開局した日本で最初の議会というべき存在だった。ただしそのメンバーは国民の選挙で選ばれたわけではなく、政府の各官庁より一名と各藩ならびに各学校より一名ずつ選出された公務人（同年八月二十日に公議人と改称）とで構成されており、いわば有識者会議だった。

これは明治元年に発せられた五箇条の御誓文に云う「広く会議を興し万機公論に決すべし」との主旨を実践するために設けられたもので、各藩の公議人は執政・参政中から藩主が指名した者だったが、議員の任期は四年とし、二年ごとにその半数を改選すると定めるなど近代的議会制度の要素を取り入れていた。

公議所の権能は「会議は律法を定むるを以て第一要務とす、臨時非常の事は与からず」（公議所法則案）と想定され、議案は議員提案のほかに、議員ではない一般人士も、議員や議長に議案を委託し、その手を介して議案提出ができるとしていた。また議案の可否は五分の三以上の多数を以て可決されることや、議案審査手続き、執政官への質問権、議長権限の規定など、近代的議事手続きを備えていた。加藤弘之は、その制度に則って議案を委託提案をしたのである。

公議所の議長は秋月種樹（旧高鍋藩）、議長代理・森有礼（旧薩摩藩）、副議長・神田孝平（旧幕臣）で、加藤の議案や森有礼提出の廃刀令、切腹禁止令など開明的な改革案も数多く提出された。しかし開明派がいる一方で各藩代表の士族議会ということもあり、特に武士身分の取り扱いに就いては保守的な意見も多く、廃刀を提案した森有礼は身の危険を感じるほどだったという（尾佐竹猛『維新前後に於ける立憲思想』）。

それでも公議所では開設から三カ月の六月七日までのあいだに二十二回の会議を開き、議員提案のほか、下級官吏から平民を含む一般人士までが提出した議案を審議し、十四の議案を可決した。しかし太政官政府は、予想以上に急進的な意見が数多く提出されてくることに危惧の念を憶え、公議所の権限を当初の法則案から後退させた。けっきょく可決された議案のうち三件しか採用せず、それも実際には、直接的には法令化されなかった。そして公議所自体が、同年七月八日には集議院と改称され、その権能は議案の提出にとどめ置かれ、議決の採否は行政官の専任事項となった。そして集議院もほどなく太政官の部局である左院に吸収されることになる。

それでも「公議所」「集議院」は、後の自由民権運動に潜在的な具体的目標を与えた(このあたりの事情は宇田友猪・和田三郎編『自由党史・上』に詳しい)。また以前、仮名垣魯文《かながきろぶん》の小説集に「衆議院」という語が、帝国議会開設よりはるかに早い時期に出てくることを指摘したが、それが束の間で消えた「集議院」を踏まえたものだったことも知れよう。

加藤弘之は『立憲政体略』(明治元)や『真政大意』(明治三)を著して立憲体制、代表制議会政治を一般読者に伝えた。その学説をまとめた『国体新論』(明治七)は、自由民権運動家のあいだでも広く読まれ、運動推進に利用された。

だが加藤は、学説としては天賦人権論の立場に立ち、議会政治をいち早く紹介したものの、明治十年代前半の早期議会開設論には時期尚早として反対、一夫一婦制にも道徳的観点からは賛成したが、現実問題としての男女同権論には批判的だった。彼の中では西洋から取り入れた進取学説と、身体感覚的な身分・社会秩序意識が相矛盾しつつ共存していた。

†天賦人権説から優勝劣敗論への転向

そんな彼に大きな転機が訪れたのは明治十四年のことだった。

加藤は明治十二年の段階でも、講演「天賦人権説ナキノ説 幷《ならびに》 善悪ノ別天然ニアラザルノ説」などで進化論が唱える自然界の「優勝劣敗」を根拠として天賦人権説への批判を行っていた。しかしこれは従来の加藤の学説とは相容れなかったため、海江田信義がこれを批判した。この矛盾は加藤自身も感じていたらしく、学説の立て直しを図るとともに、天賦人権の立場に立った『真政大意』などの旧著をすべて絶版にすると宣言し、明治十四年にこれを実行した。ただしこの決断は単に学問上の整合性のためではなく、時の文部卿・福岡孝弟からの強いはたらきかけがあったともいわれている。明治十四年には新政府内で政変が起こり、議会早期開設派だった大隈重信らが政府から追放されるという出来事があった。加藤の転向は、政治状況の変化にピッタリと寄り添っていた。

しかし加藤本人の云うところによれば、これはあくまで進化論受容に基づく自然観そのものの転換に由来する認識の変更であり、政治的判断ではないと述べている。〈余モ亦従来天賦人権主義ニ心酔セシカハ、曩《サキ》ニ新政大意国体新論等ヲ著シテ其中ニ大ニ此主義ヲ主張セシカトモ近日始メテ進化主義ノ実理ヲ信セシ以来頻リニ天賦人権論ノ実存ニ疑ヲ生セシ〉(『人権新説』)と。

進化論による法学説の変更とは、どういうことか。それは近代法の根幹をなす思想である「自然法」の理念に基づいていた。人間は生まれた時は皆平等であるという天賦人権論は、自然法の概念に則っていた。自然法は慣習法とは異なり、自然そのものの摂理原則に則るという法理概念だが、その「自然」そのものが進化論によって揺らいだのである。自然が平等の権利ではなく、優勝劣敗の競争で成り立っているなら、法もまた強者の権利を肯定するものでなければならないというのが、加藤の新たな信念となった。

明治十五年になると、加藤はダーウィンの進化論、スペンサーの社会進化説を全面的に受け入れた『人権新説』を著した。同書の冒頭で加藤は、天賦人権説を「妄想主義」と断じ、「余ハ物理ノ学科ニ係レル彼進化主義ヲ以テ天賦人権主義ヲ駁撃《バクゲキ》セント欲スルナリ」と述べ、実態なき蜃気楼の類に過ぎないと論じた。

この『人権新説』に対しては、矢野龍溪ら民権派のイデオローグが反論を展開したが、それらは情念的な批判にとどまっており、法理と進化論を形式上の盾とする加藤の言説を破ることは難しかった。

その後、加藤は東大総理、総長を経て、やがて貴族院議員、枢密顧問官、帝国学士院長などを歴任し、男爵に叙せられている。だが、だからといって彼が栄達のために自説を曲げて国家に奉仕したと断定するのは不当だ、と加藤自身はいう。栄達は功績の結果であって、逆ではない。たしかに彼は本心から、日本が国家間の優勝劣敗競争に勝ち抜くためには、「自由」だの「民権」だのと甘いことをいっている余裕はなく、中央集権的な帝国主義体制によって国民の力を総動員することが必要だと、学問とは別の次元で信じるに至ったのかもしれない。

†「進化学」に基づく日本勝利の理論

加藤弘之は『強者の権利の競争』（明治二十六）などにおいて、生存競争による優勝劣敗、適者生存の法則を、自然界から人間社会までを貫く一元的自然法の根本原理であると主張している。この見解は、国内的には天皇を戴く薩長藩閥の官僚支配を正当化し、対外的には帝国主義的拡張を肯定する理論にほかならなかった。そして加藤は、世界的な人種間競争において、日本人は生き残るべくさらなる決意と努力をしなければならず、それによって必ずや生き残れると主張した。

彼はこの考えを、道徳理論にまで高めようとする。つまり競争を必要悪として認めるのではなく、競争こそが道徳的向上をも生むとしたのだった。『道徳法律進化の理』（明治三十三）で、加藤は道徳理論や法概念もまた競争のなかで研ぎ澄まされてきたと主張し、その機序については〈道徳法律の発生進歩は決して単に自然淘汰に出るにあらず又単に人為淘汰に出るにあらず実に自然人為に淘汰の相湊合せる作用の結果なり〉とし、王政や身分制が暴虐に陥ることは不可としつつも、そのような人的制度にも当該社会の利益を維持増進するのに適するものであるが故に残っているのであり、世界は本質的に「強者」を求めているとしている。

ここで加藤が自著に書き込んだ行き過ぎた王政（専制君主制）への批判の理論は、当時の日本への批判と見られることを回避しながら構成されている。日本はすでに大日本帝国憲法を持つ立憲君主国となっており、帝国議会開設から十年が経っていた。ここでいう専制君主国とは日清戦争後の仮想敵国であるロシアを意識したものだったろう。

日露戦争が勃発すると、加藤はさっそく『進化学より観察したる日露の運命』（明治三十七年）を出版した。冒頭、加藤は〈諸君　余は今日の時局に鑑みて進化学の立脚地から日露の将来の運命を観察して見やうと思ふのである。進化学の立脚地から日露の将来の運命を観察す抔《など》と云ふことは諸君には頗《すこぶ》る奇怪に思はれるやも知らぬが余に於ては少しも奇怪と思はぬ〉と、読者が疑問に思うだろう点に先回りし、進化学こそが両国の将来を示していると話を展開する。加藤によれば、人類世界における生存競争は、未開野蛮から文明開化への進歩度合いによって測られ、野蛮国と開化国が戦端を開いたならば、開化国が勝利するのは当然だとする。

そして加藤は、日露両国を比較して次のようにいう。日本は「臣民に忠君愛国の為め尽すの外余念あらず」「立憲政治を行ひ輿論を取るを旨とす」「貴賤人民権利義務を同くす」「自国の利益を計ると同時に文明各国の平和の為めに尽す」「教育其他文明の利器優る」

「外交的及び軍事的行為上能く国際法を守る」「列国に対する態度君子的なり」であって「故に今後の文明時代に適者として永く隆盛なるを得べし」なのに対し、ロシアは「動《やや》もすれば国家を破壊し皇室を倒滅し又は叛逆を企てんとする人民少からず」「専制擅断《せんだん》の政を行ひ輿論《よろん》を圧す」「貴族の権力平民を圧倒す」「世界を攪乱して自国の利益を貪らんとす」「教育其他文明の利器劣る」「外交的及び軍事的行為上国際法に反するを意とせず」「列国に対する態度悪漢的なり」であるため、「故に今後の文明時代に不適者として遂に断滅せざるを得ざるべし」ということになるだろう。それが加藤の出した結論ないしはその結論を導くための臆断だった。

ちなみにここで加藤が展開している「立憲議会制の下、国際法を遵守する文明国日本」対「専制君主国家として南下政策を採り、極東から中央アジア、そして東欧北欧にも触手を伸ばす野蛮国ロシア」という図式は、日露戦争期の日本政府が必死に欧米諸国（特に英米）に対して行った宣伝をなぞっている。日本政府は日露戦争が白人と黄色の人種間戦争、キリスト教国と非キリスト教国の戦争とみなされることを恐れた（それがロシア側の対外宣伝の構図だった）。独仏は親ロシア派であるため、日本は戦費調達のための対外国債を売るには、英米の世論を味方につける必要があった。民主化された国、国際法遵守の国というイメージ戦略は、対英米アピールとしては適切な選択だった。そのため日本政府は、両

加藤弘之『二百年後の吾人』

国からの前線視察武官を受け入れ、またロシア人捕虜の扱いにも気を配った。それが「文明国」のありようだということを、日本政府も弁《わきま》えていた。

加藤はもともとは人種間競争における日本の勝利、生き残りのための努力を説いていた。

明治二十七年に刊行した『二百年後の吾人』で加藤は、人類の歴史は闘争の歴史であり、優勝劣敗は動物界から人間界にまで共通する自然的法則だとした。その上で、日本人は人種間の優勝劣敗の競争に勝ち残らねばならないと主張した。さらに加藤は、今現在の欧米列強との競争だけにとどまらず、未来の競争、未来社会で危惧されるさまざまな危機にまで思いを馳せていた。例えば石炭に頼っていた当時のエネルギー事情については〈石炭は地層発達の第一代石炭紀の遺物にして後代更に新に生ずべきものにあらざれば決して無尽蔵と称すべからず（中略）石炭の欠乏するに至るときは山岳より洋海に注入する流水、海浪、瀑布、気流若くは太陽熱等を利用し、熱力を起して石炭に代用するの術を得るの望みありとの説あり。将来、物理学化学の進歩によりて遂に能く此偉業をなすに至らば吾人の幸福此上はあらざるべし〉と、化石燃料枯渇以降の危機にまで言及している。

さらに食糧問題では人口増加を前提に、農産物の欠乏を補うため、水産資源の養殖など〈無尽蔵的に増殖する人口を養ふに足らざるは勿論なれども、併《しか》し陸産食料の欠乏を補ふことは決して少からざるべしと思はる〉と、切実な期待と危機感を寄せている。さらに住宅問題では、〈大洋海中に住居の出来得べきことにあらざれば是亦限りあるは勿論なれども併し幾分か陸上住地の欠乏を補ふの効なきに非ざるべし〉と述べている。

加藤はこうした二百年後の近未来の課題だけでなく、やがて太陽系の寿命が尽き、地球という惑星の寿命が尽きてしまうという遥か未来の可能性まで心配する。加藤によると〈千万年か若くは二千万年の後に至り、天文―物理的に（地球が）滅亡に帰すべしとの学説に至りては明々白々ゆえ敢えて疑うべからざるもの〉だという。加藤は地球を人類発生の原因と呼びながらも、〈地球と人類とは決して永遠離るべからざる関係を有するものにはあらず〉とする。では、人類はどうあるべきか。

　此地球の滅亡より数億万年の後にも他の或る天体には必ず生ずべきこととなるべければ、この地球の人類即ち吾人が今より千七百万年乃至《ないし》二千万年の後若《も》くは更に早く全く滅亡に帰することあるも吾が同胞は此宇宙間何《いず》れの天体に乎《か》、必ず生存して永遠全く滅亡するの期はあらざるべしと思はるるなり。

加藤は、人類（特に己が同胞である日本人）の二千万年後の生き残りを心配している。彼は日本人が生き残るためには、母なる地球を捨てることも辞さないとし、別の恒星系の惑星への移民を提案する。残念ながら恒星間飛行の科学的根拠までは明示していないが、単なる精神論や空疎なプロパガンダとして「天壌無窮」を主張するのに比べたら、太陽系滅亡の期限を示して、別の天体への移住を語る加藤の想像は、十分に合理的であり、かつSF的だ。そしてここに至って、私は加藤の「本気」を信じざるを得ない。

地球滅亡の先まで人類の生き残りを心配する加藤にとって、幕府滅亡の危機に城に立て籠もるのは「本気」の発想だったのだろう。そしてその幕府が滅亡してしまえば、急いで新政府に乗り換えて生き残りを図るのも、当然の「努力」だっただろう。日本人が欧米列強に互して生き残っていくための闘争もまた、彼にとっては切実な危機だった。それらの危機を乗り越えるためには、変節といわれようとも、強者の側に立つための努力を欠くことはできない――それは加藤が本気で信じた人間の「自然」であり「摂理」であり、「当然の努力」だった。

日露戦争後、加藤は強固な国体論者に戻り、日本の偉大さを宇宙論や宗教観にまで押し広げて説くことになる。『自然界の矛盾と進化』（明治三十九）のなかで加藤は、有機的固体の心理的根本動向として利己主義（自己存在への本能）があるとし、この唯一利己と自然界の摂理には矛盾対立があるとした。その矛盾とは、有機体の数と生存必需物の矛盾（ヒトについていえば人口増加による食糧難など）、動物の生存とその食餌の矛盾（食物連鎖のバランス）、有機体の根本動向と心身力の矛盾（種族内の優劣競争）であり、これらの因縁（原因と過程の展開）として自然淘汰があり、国家もまた成立した。国民はこの有機体としての国家の細胞であり、国家国民のために利他的に尽くすことにより、結果的には最もよく利己的根本動向を達成することができるのだと論じたのである。ここには国家社会主義／全体主義への指向が、初歩的な形ながら語られていた。

加藤弘之は自身の世界観を、進化論に基づく唯物的自然観だと自負していた。少なくともその立場から発言していると公言していた。そして宗教は架空の迷信であるとし、仏教やキリスト教、特に唯一神を信奉するキリスト教を迷妄の巣窟であり国体に有害な妄念だと批判していた。こうしたキリスト教攻撃は『道徳法律進化の理』にはすでにかなり濃厚に見られるが、日露戦争に勝利し、日本が欧米列強と並んだ一等国になったという意識が民間でも高まったあたりから、いっそう強化された。

加藤弘之は『吾国体と基督教』（明治四十）などで、痛烈にキリスト教を批判した。その趣旨は、この世界のすべての事象は科学的に説明できるはずのものであり、現に科学的知識が進歩した現代では、相当にそれが明らかとなっている。にもかかわらず分からないことを神秘とか超自然とみなす宗教は迷信的であり誤っている、というものだ。

さらに、民族固有の宗教である民族教（日本なら神道）では教権（信仰・精神上の中心）と政権（現実世界の中心）が兼ね備えられているが、仏教やキリスト教のような世界宗教では地上権と聖権が分離しており、そこにしばしば二律背反の矛盾を生ずる。これは国民に二重性を強いるものであり、自己矛盾を負わせることになる。特にキリスト教は唯一神を信奉し、他の信仰をすべて退ける不寛容・非対話的宗教であり、すべての人間は原罪を負うとする。この考えは、天皇をも罪人扱いにするもので、天皇を神聖とする憲法に反し、国体に有害である――としたのだった。その上で加藤は、宇宙を支配する自然法、天皇を至尊とする道理は、科学的に証明されているとも主張した。

加藤弘之は天皇を中心に国論を統一する中央集権制国家の正統性・妥当性を、進化論を援用して「科学的」に基礎づけようとしたのだった。歴史社会学者の右田裕規《ひろき》は「転向後の加藤弘之が、進化論にもとづいて国体のありがたい理由を延々と説き続けていたのは実に不可解な行動だった」(『天皇制と進化論』)としているが、天賦人権論から優勝劣敗論への転向はまだしも、たしかに進化論による国体思想称揚には矛盾が多く無理があった。

加藤は、有機的固体の心理的根本動向として利己主義があるとする。自然界には三大矛盾、すなわち有機体の数とその生存必需品の矛盾、動物の生存とその食餌の矛盾、有機体の根本動向と心身力の矛盾があり、唯一利己(自己保存の本能)を貫こうとするもの同士のあいだに自然淘汰が生ずる。そして叡智あるものが生存のための団結連帯したところに国家が出現したとする。このあたりはホッブズやロックの契約国家説の援用が見られるが、そこに加藤は民主主義に至る自由意志を結びつけず、国民にとって有機体としての国家の細胞として利他的(国家共同体への滅私奉公)に尽くすことは、実は利己的根本動向を実現する道なのだといった、全体主義の萌芽ともいうべき主張を連結させた。

加藤はそれが「自然」と理解し、また理解することを読者に求め、「宇宙を支配する自然法」によって、天皇という族父長を至尊として崇敬する日本国体の道理は、科学的に証明されると主張した(『吾国体と基督教』)。

†キリスト教批判が天皇制批判を引き出す

興味深いことに、加藤弘之は明治三十年頃からは、自己を明確に「唯物論者」と規定していた。彼自身の主張に従うなら、日本人にとって天皇崇拝は生物学的必然なのであり、宗教という名の迷信などでは断じてないのだった。その一方で加藤は、「迷信」であるが故に進化論とも対立したキリスト教批判を強めていく。

これに対してキリスト教側から反論が出たのは当然のことだった。当時、本郷教会の牧師だった海老名弾正《えびなだんじょう》は「加藤博士の『吾国体と基督教』を読む」(「太陽」明治四十年十月号)、「老兄加藤博士に送る書」(「新人」同年十月号)を書き、加藤を論駁した。海老名は、加藤が称する「唯物的進化論」は国体論と一致するのかを問うた。進化論が科学的真実であるなら、皇室の先祖は下等動物から進化したものなのか、と。加藤はキリスト教を迷信というが、皇祖皇宗の威霊や伊勢大廟の神霊への加藤の感情は「信仰」ではないのか、と。

これに対して加藤は、『迷想的宇宙観』(明治四十一)で反論を試みたものの、進化論と皇祖皇宗の聖性の両立を合理的に矛盾なく説明することはできなかった。この論争を通して、加藤は自身の思い入れとは反対に、天皇の神権に基づく帝国日本の統治権に対する鋭い批判を呼び覚ましてしまったのである。

先に述べたように、明治前期では進化論（あるいは進化説）は、自然界が「優勝劣敗」を必然としていることを説く理論として受容された。そしてそれは、富国強兵という国家目標、さらに個人的には立身出世という自由競争の必然性へと、人々を駆り立てた。それは明治政府にとっても望ましいものであり、進化論（社会進化説）の普及啓蒙に、政府機関が難色を示すような局面は見られなかった。ところが明治後期になると、天皇を神格化する思想と進化論とが、相矛盾する理論として意識されるようになってきたのである。

人獣同祖説は明治末期になって伝えられたわけではない。モース口述、石川千代松筆記の『動物進化論』（明治十六）にはすでに「人ハ猿ト同種同祖ニシテ同ク変迁進化ノ域ヲ超エシモノナリ」とあり、日本への進化論紹介当初から知られていた。それが明治末期になって問題化したのは、この間に日本の国家制度や国体理論が、進化論と同じ位相で比較されるレベルまで整備され強化されたためである。加藤の件がなくても、国体論と進化論はいずれ対立する運命にあった。

もっとも、本気でこれらを矛盾と捉える者は少なかったろうと私は考えている。こういうことを問題にしたのは、一部の官僚、政治家、そして思想家だった。大多数の日本人にとって、それは矛盾と考えるほど突き詰めるべき問題ではなかった。

加藤弘之は、日本を万世一系の天皇を民族の父と仰ぐ国民（民族）国家であり、「族父統治」を国体とする世界に類例のない国家だと説いていた。そして進化論的に見ても、国民が血族有機体である国家のために、その細胞として利他的に尽くすことは、本質的に自己利益になるものだとした。

加藤は自分の帝国主義的国家観を、あくまで進化論的な自然観に基づく科学的なものだと唱えていた。そして宗教は迷信にすぎず、特にキリスト教のような唯一神信仰は迷妄のきわみだと批判、その証拠にキリスト教会は進化論を認めていないと攻撃した(『吾国体と基督教』明治四十)。

これに対して海老名弾正らキリスト教徒側からの反論が起こり、「それなら加藤の唯物論的進化論は国体と一致するのか、皇室の先祖は下等動物から進化したものか」との設問を引き出してしまったのだった。

3　進化論のその後の展開

†丘浅次郎――進化・エスペラント・共和国

進化論が政府から警戒されるようになった背景には、加藤弘之が引き金を引いた神学論争のほかに、もうひとつ大きな要因があった。それは進化論と社会主義、コスモポリタニズムとの接近である。

政治学者の田中浩は「かれ〈加藤弘之〉の「進化主義」による現実の政権の擁護にも、理論的矛盾がある。なぜなら、生存競争で打ち勝ったものが、勝者＝被支配者によって打ち倒されるばあいも当然に想定されうるからである」（『近代主義と自由主義』）と述べているが、そうした視点からの批判ないし運動が、進化論啓蒙家や社会主義者から起きてきたのである。

おそらく契機となったのは、丘浅次郎《おかあさじろう》だった。丘は日露戦争開戦の直前に当たる明治三十七年一月に『進化論講話』を出版し、ベストセラーとなっていた。丘は人獣同祖説（すべての生物はひとつの原始生命から枝分かれして進化をしてきたのであり、ヒトもサルと同系統の先祖から生まれた動物にすぎず、特別な存在ではないという考え）を明確に打ち出した。丘は『進化論講話』のなかで〈我祖先は藤原の朝臣某であるとか、我兄の妻は従何位侯爵某の落胤であるとかいふて、自慢したいのが普通の人情であることを思へば、先祖は獣類で、親類は猿であると聞いて、喜ばぬのも無理はない〉と書いている。これは当時の日本社会の血族重視、血統尊重の社会秩序に対する痛烈な批判となった。単純にいうと、丘の活躍により進化論が意味する思想的側面が、明治十年代の「優勝劣敗」から明治後期には「人獣同祖」へと転換したのだった。

『進化論講話』にいち早く注目したのは大杉栄や幸徳秋水、堺利彦、荒畑寒村ら社会主義者だった。日露戦争下で非戦論を唱え続けたことで知られる「平民新聞」は、その第十二号（明治三十七年一月三十一日）の社説「人類と生存競争――社会主義は生物進化説と矛盾する乎」で、進化論を援用して戦争を批評し、別項の書籍紹介では『進化論講話』が紹介されている。社説は無署名だが執筆したのは幸徳秋水とみられ、書籍紹介は堺利彦の筆だった。

平民社はほどなく叢書《平民科学》を刊行するが、その第一編『人間発生の歴史』で堺利彦は「人間の祖先が猿であつても、八目鰻であつても、単細胞生物であつても、今日の人間の価値に関係は無い。人間だけ別物にして、神の殊更に作り玉ふた者とした所で、それが為に人間の真価が増すわけではない。（中略）二千五百年の歴史を有する神国は、他の諸国とは訳が違ふと云ふやうな幼稚なる国自慢や、我輩の家柄は、東照神君以来、何々の所領を賜はつて、十幾代連綿たる名家であるから、他の田舎出の小士とは訳が違ふ、殊に百姓町人の類とは抑々の血統が違つて居るのだと云ふ様な、馬鹿〳〵しい階級思想が矢張り此の人間別物説、人間神作説、人間霊妙説と同じものである」と、キリスト教と国体論を共々に批判、大杉栄も第六編『本物の同根一族』で、宮殿のなかに住む者も洞窟の中で暮らす者も皆共通の先祖から生じたとした。これは天照大神や国生み神話から始まっていた当時の国定国史教科書の「歴史観」を全面的に否定するものだった。

また大杉栄はダーウィンの『種の起源』を翻訳しているが、適者生存の理論を「個体」の競争より「種」の生存競争に注目し、階級闘争の理論と結びつける思考を抱いていた。マルクスは人間社会の始まりは原始共産制だったとしたが、この言説はサルから人へという進化論と親和性があった。加藤弘之が進化論を自然法の理念に連結したように、社会科学であるマルクス主義は自然科学である生物進化論とつながりやすかった。

さらに丘浅次郎が平和主義の立場を採り、日本におけるエスペラント運動の指導者の一人だったことにも、政府の一部は警戒した。丘は明治四十年に黒板勝美らと日本エスペラント協会（現・日本エスペラント学会）を設立していた。エスペラント運動には堺利彦や幸徳秋水、大杉栄も参加しており、当局はこれを仮装された革命的結社なのではないかと疑った。丘自身はエスペラント語の存在を知る以前の一八八九年頃に、ラテン語などを基にしたズィレンゴという人工言語を考案したほどのコスモポリタンだった。

丘は、やや後のことだが『猿の群から共和国へ』（昭和九）において、霊長類の社会性の強さを、指導者を戴きながらも共和制的な複数統治と権力者の交替劇を通して語り、独裁から共和制へという「進化」を語っている。

こうした動きに対して、政府は社会主義や無政府主義には直接的な弾圧を、エスペラント運動などの国際主義に関しては防諜上の理由からの制限と監視を強めていくものの、進化論を禁止することはさすがにしなかった。ただし、中等学校の教科書では制限されていく傾向が見られた。明治初期から生物学は博物学などの名称で教えられていたが、明治二十年代から三十年代の中学生用検定教科書には進化論に関する記述が認められる。それ以降も完全に削られたわけではないが、進化という現象の説明は後退し、動植物の分類の比重が増えていく。

丘浅次郎は明治四十四年から大正七年にかけて国定教科書・理科の編纂に関わるが、戦前の小学校の理科教科書には、一貫して進化論が載ることはなかった。これは小学児童の理解力を考慮した結果であり、政治的な理由によるものではないとも見られるが、国史教育や修身との整合性が取れないことも一因だったろう（ちなみに太平洋戦争後の昭和二十四年に発行された文部省発行の国定理科教科書『小学生の科学』では、六年生で進化論が大きく扱われている）。

丘浅次郎は『新編中等動物学』（明治三十一）、『中学生理学教科書』（明治三十二）、『中学動物学教科書』（明治三十三）、『最新生理衛生教科書』（大正二）など、旧制中学過程の教科書、参考書に関わっていたが、藤井健次郎編『近世博物教科書』、岩川友太郎・安東伊次郎・小幅勇治共著『新撰動物教科書』など、他の検定教科書には進化論の記述があるのに、なぜか丘の本にはそれがない。ただし学界的に排除されたわけではなく、大正十四年には帝国学士院会員になっており、日本動物学会会長も務めた。

†進化論から優生学へ

進化論の教育や研究が後退（進化研究には研究予算が下りにくくなったといわれる）する一方で、進化論は優生政策を誘発する一因となった。優生学は英国でまず発達したが、政治的には一九二〇〜三〇年代のドイツやアメリカで大きな影響力を持った。アメリカでは優生学は排日移民問題を含む有色人種に対するさまざまな差別的制度を肯定する理論として援用され、ナチス・ドイツは民族の純潔を唱えてユダヤ人の排除を断行する。

日本の優性学は、明治後期から台頭してくるが、丘浅次郎の『進化論講話』もその普及に関与していた。丘は同書で「医術が進歩して、如何に身体の虚弱な者でも助けて生存させ、如何に悪い遺伝性の病気に罹つた者でも出来るだけ、寿命を延ばして遣る故、此等の者も健康者と同様に子孫を後に遺し、次の代には亦此等の虚弱な者等が医者に助けられて生存しながら、さらに虚弱な子孫を遺す故、国民の平均の健康は漸々退歩せざるを得ない」と述べている。医療の進歩は一般的には「善」と考えられているが、劣悪な遺伝子や生産性の低い虚弱体質者を多く保護する必要が生じると社会全体にとってはコストが高くなる。現代日本では、胎児の事前検査の可否をめぐる議論があるが、そこにも「生命の選択につながる」という倫理的立場からの批判がある一方、親が自己の人生を選択する権利や社会保障費増大への懸念から、これを許容すべきとする意見も見られる。中絶についていえば、リベラレストが「女性の権利」という視点からこれを支持する傾向が見られるが、では大人より弱い胎児の生存権はどうするのかという問題もある。

『進化論講話』に見られる優生思想に戻ると、丘がここで要約して紹介している考えは、ベネディクト・モレルの退行説などに連なるものだ。モレルの同説はエミール・ゾラの《ルゴン=マッカール叢書》にも強い影響を与えている。ゾラの小説は獲得形質の遺伝説を採っており、親の後天的疾患や悪行が子孫に劣悪な遺伝をもたらすという誤ったイメージを世に広めた。大正・昭和初期の探偵小説でも、モレルの学統はロンブローゾの生来性犯罪者説とともに、しばしば犯罪者を特定する「科学的根拠」として活用された。

大正期から昭和初期にかけて、優生学は遺伝学者の外山亀太郎、阿部文夫ら、生物学・進化啓蒙家の石川千代松、丘浅次郎ら、生理学者の永井潜、小酒井《こさかい》光次《みつじ》（不木《ふぼく》）、犯罪学の古畑種基《たねもと》らによって本格的に導入、研究され、やがて日本民族衛生学会（後に日本民族衛生協会）による断種法制定運動などにつながっていく。

科学者にも国籍があり、科学の世界にもナショナリズムはある。今でも日本人がノーベル賞を受賞すると、研究の中身にはまったく関心のない国民までもが祝福し、自尊心を満足させる。二十世紀初頭は、科学研究でもようやく日本人が世界水準に達した時期だった。物理学では長岡半太郎、寺田寅彦が物理学の先端で活躍し、鈴木梅太郎はオリザニンを発見している。

科学の世界における新発見はいずれ技術革新につながり、産業や医療、軍事力などを高める大きな要因となるだけに、列強諸国は科学研究の面でも激しい競争をしていた。科学者といえども人間であり、個人としての自負心もあれば愛国心もあった。そんな科学者の愛国的傾向が、誤った「発見」を誘発することもあった。

十九世紀から二十世紀への変わり目前後にはさまざまなX線、α線、β線、γ線などの放射線が発見されたが、一八九五年にX線を発見したのはドイツ人のレントゲンだった。レントゲンと同じ電磁放射線の研究を行っていたフランスの物理学者ルネ・ブロンロは、一九〇三年に新たな放射線を発見したと「発表」し、これをn線（後にN線）と命名した。N線の命名はフランスの都市ナンシーに由来していた。ブロンロは愛国心の強い人で、X

線の発見でドイツ人研究者に先を越されたことに忸怩たる思いを抱いていた。N線の発見はX線の発見同様に世界の分光学（放射線物理学）者の関心を引き、ブロンロの実験室への訪問や追実験が行われた。

その結果、数人のフランス人研究者はブロンロの実験を追認したが、ほとんどの研究者は確認することができず、誤差範囲ではないかとの指摘がなされた。光線の微細な変化に関する実験であり、実験者に「目の感受性」が欠けていると認識が困難な場合もあるとして、しばらく結論は保留された。だが一九〇四年にアメリカの物理学者ロバート・ウィリアム・ウッドが、ブロンロの実験室での乾板撮影が、さまざまな誤差が入り込む余地がある環境下で行われていること、そもそも光の強度を目で見て判断することのあやふやさを指摘し、試験装置を内緒でいじって結果が変わるように細工したにもかかわらず、出ないはずのN線が検出されたと宣言されたことなどを公表、世界の関心は一気に薄れていった。

これとよく似た事件は、明治末期の日本でも起きている。「千里眼事件」だ。千里眼（透視能力、念写能力）によると称した心霊治療などを行っていた御船千鶴子《みふねちづこ》の能力を、現実のものと信じた東京帝国大学文科大学の福来《ふくらい》友吉が「検証実験」を行って世間の耳目を集めた出来事だ。だが彼女は、心霊治療は患者本人や家族が見ている前で行ったのに、手に持った箱の中身を透視する際には「人が見ているとできない」として、別室や屏風を立てまわしたなかでしか透視を行わなかった。また同じく福来が研究していた長尾郁子の透視能力に関しては、実験を行った京大関係者が、これをX線のような未知の光線による現象ではないかとして「京大光線」と仮称したが、トリックの入り込む余地が多分にある形式でしか検証されておらず、物理学者が主導した実験では乾板が盗まれる騒動が起きた。千里眼騒動は、手品による類似行為が流行しだし、模倣者が続出したこともあって下火になっていく。

†愛国心による本物の発見

こうした誤った発見、虚偽の発見があった一方、本当の発見にも愛国心が発揮される場合があった。よくあるのは新発見の元素や動植物に、国名に因んだ名前をつけるというものだ。

キュリー夫人はラジウムに次いで発見した新元素に、ポーランドに因んでポロニウムと命名している。また一八八五年発見のゲルマニウム、一九二三年にコペンハーゲンに因んで命名されたハフニウム、さらにはフランシウムやアメリシウムもある。そして二〇〇四年に理化学研究所の森田浩介博士らのグループが発見（合成に成功）した新元素は、二〇一六年十一月に正式にニホニウム（原子番号一一三）と命名された。ニッポニウムではなくニホニウムという名前になったのは、かつて「ニッポニウム」の名で提唱された「発見」があったためだ。古生物学では「ニッポニテス」がある。

まずニッポニテスについて見てみたい。これは北海道で発見されたアンモナイトの一変種に、日本に因んだ名が付けられたケースだ。

ニッポニテスの発見者・矢部久克《ひさかつ》（一八七八～一九六九）は明治三十四年に東京帝国大学地質学科を卒業し、欧米留学を経て東北帝国大学教授として同大学に地質学古生物学科を創設した日本地質学、古生物学の創始者のひとりだった（東北帝大教授任官辞令は留学中に出ている）。矢部がニッポニテスを発見したのは留学前の明治三十七年のことだった。

矢部はこれをアンモナイトの新種として発表した。

ただし当初は採取された標本が一個体しかなかったため、ニッポニテスは新種ではなく異常な巻き方をしたアンモナイトの奇形ではないかとみる研究者が多かった。これが新種として一般にも認識されるようになるのは、大正十五年に清水三郎によって同じ巻き方をした別個体が発見されたほか、複数の発見事例があってからだった。

なおニッポニテスは新種と認識されてからも、これが異常な巻き方をしているのは、アンモナイトが進化の袋小路に入って衰亡していく過程で生じた系統であるためと長らく解釈されてきた。矢部はニッポニテスの巻き方にも一定の法則があると主張していたが、それに同意する者はほとんどいなかった。しかし近年になってコンピュータ・シミュレーションによる解析で規則性が確認され、今日ではニッポニテスはアンモナイトが環境に適応した結果生まれた新種と理解されるようになった。

もうひとつ、明治末期に科学上の発見に日本の名を刻もうとする事案が見られた。新元素ニッポニウムの「発見」である。発見者の小川正孝(一八六五~一九三〇)は東京帝大に学んでロンドン大学に留学した科学者だったが、この留学中にトリウム鉱石のトリアナイト中から新元素を探す研究に着手していた。その研究は帰国後も続けられ、東北帝国大学教授を務めていた明治四十一年に「原子量が約一〇〇、元素番号四三」の元素として発表、これをニッポニウムと命名しようとした。しかしその後、他の研究者らが追検証したが、微小物質のためうまくいかず「幻の発見」とされてしまう。当時、政府は小川に充分な予算を与えなかった。科学の分野にまで波及してきた帝国日本のナショナリズムには、予算的裏付けまではついてこなかったのだった。やがて小川は東北帝大総長となるが、総長室の隣に個人研究室を設けてニッポニウムの研究を続けた。元素番号四三の物質は、一九四七年にエミリオ・セグレが重水素核とモリブデンの衝突実験によって発見し、テクネチウムと命名されることになる。

小川の「発見」については、一九九〇年代に入って東北大学の吉原賢二が再検討を行い、実際はレニウム（原子量約五〇、元素番号七五）だったことが明らかにされた。レニウムが発見されるのは一九二五年のことだ。また小川自身は、亡くなる直前の一九三〇年春、自ら精製したニッポニウムを含む資料をX線解析装置にかけてもらった結果、それがおそらくレニウムであろうとの結論に達していたことも明らかにされた。

X線解析装置は明治末期の日本には導入されていなかった。もし明治四十一年当時、日本に装置が輸入されていて、小川教授の試料が解析にかけられていれば、レニウムの発見命名以前にこれが原子量一〇〇ではなく原子量五〇の元素（当時は未発見）だったことが確認され、小川の発表はより正確な、瑕疵のない新元素発見になっていただろう。

日本政府は、日本の偉大さを喧伝し、国民にそれを信じさせることには熱心だったが、学術研究に国体論的視点から介入する一方で、自然科学を研究予算で支援する面では、欧米に比べると大いに立ち遅れていた。あるいは国力の実態に鑑みてみると、その程度が戦前日本の経済的限界だったというべきかもしれない。

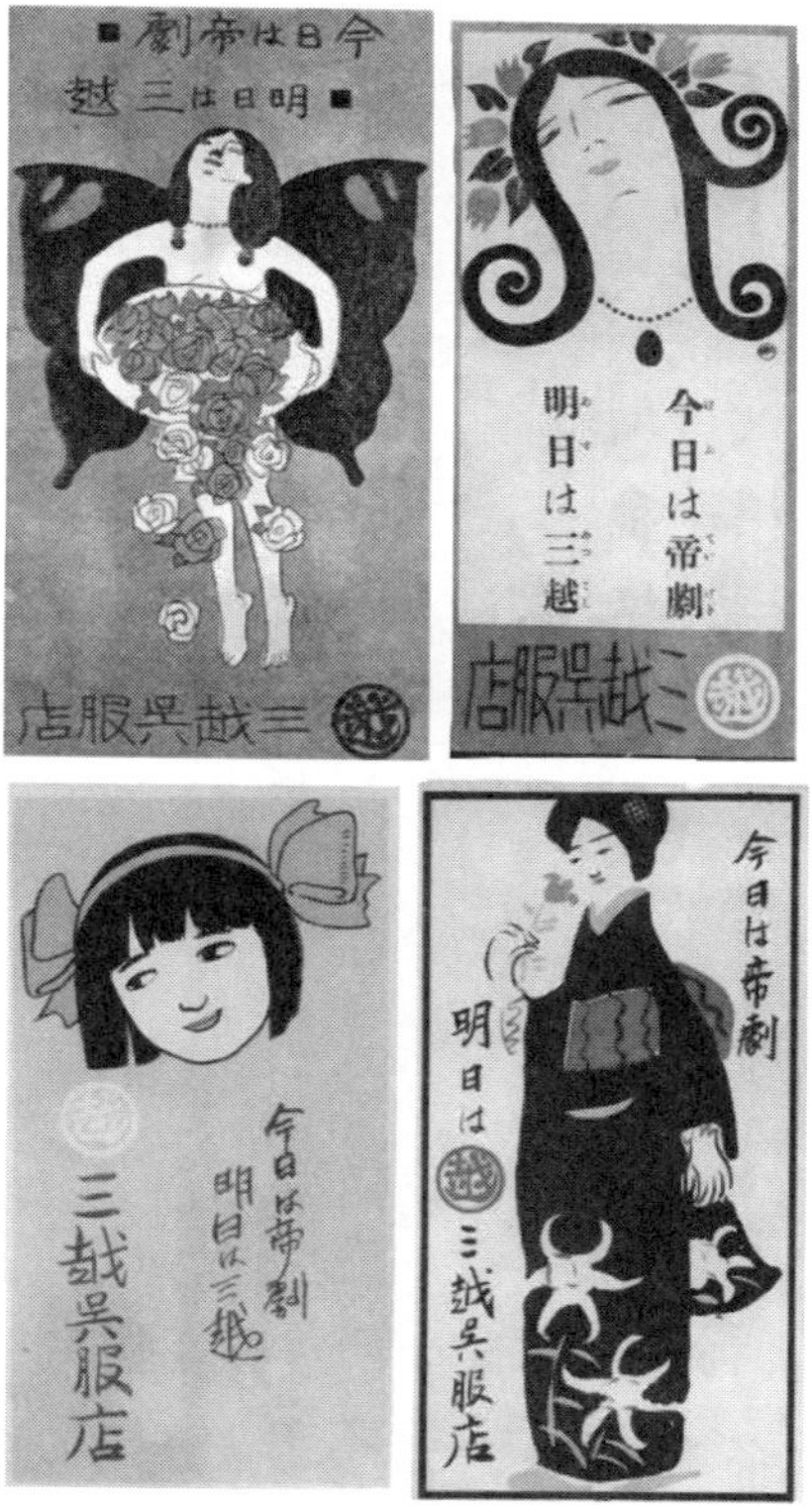

第五章

若旦那世代の欲望
——贅沢化と日本回帰

「今日は帝劇 明日は三越」のキャッチコピーが用いられた三越の広告

1　享楽的な大正青年

†教育改革と帝国化する日本

ここまで本書では、明治三十五年に発生した教科書疑獄事件、哲学館事件、明治四十四年の南北朝正閏論争、さらには進化論などの自然科学を契機とした社会変化など、教育上の「事件」の推移を見てきた。これらの事件を通して、明治末期以降の教育には、次のような変化が起きていたことを確認した。

1　義務教育課程では教科書が検定制から国定教科書へ移行し、政府の意向がより直接的に反映されるようになる。

2　高等教育でも、国家、天皇への叛逆を可とするような思想（ホッブズやロックらの契約国家説、特に暴政下での革命権）の教育は禁忌とされる。

3　歴史教育では「史実としての正しさ」よりも「道徳的正しさ」を優先されるようになり、忠臣、逆臣といったレッテルが強化される。

4　科学教育でも国民道徳への配慮が図られる。

明治後期に固定化、再強化されたこれらの諸傾向は、大正期にも継続され、昭和に入ると一段と強められた。大正時代というと、大正デモクラシー（民本主義）の印象が強いが、初等教育ではいっそうの「愛国化」が進んでいたのである。私立学校の新増設が相次いだことや「自由教育」を推奨する学校も現れたことなどが注目されがちだが、そうした豊かさや自由を享受できたのは中流以上の階層であり、それだけに小学校だけで学業を終える層との差は開いていったともいえる。

昭和初期に起こる未遂を含むクーデターやテロ、前線の青年将校主導の事変拡大は、いずれもこうした教育を受けた世代によって実行された（一部の指導層・イデオローグには先行世代も含まれる）。

戦前の教育では今よりも早い時期に進路が分かれていた。尋常小学校や高等小学校までで学業を終える者も少なくなかった。中学に進むのはごく一部で、職業選択によって師範学校、商業学校、農業学校にコースが分かれた。中学卒業後、代用教員などになる者もおり、高等学校や私立の大学予科に進むのはエリート層だった。

戦前の高等学校は自尊自治の気風が強く、思想的にも自由度が高かったといわれるが、青年将校らは別コースを歩んでいた。陸軍では陸軍幼年学校、同士官学校、そして陸軍大学校というのがエリートコースであり、海軍では海軍兵学校があった(技術将校は機関学校)。軍の学校で教える修身や国史がどんなものだったかは、およそ想像がつくだろう。中学校は読書傾向を含めて厳しく学校側が指導するのがふつうで、軍の学校で純粋培養された将校の多くは、国体論に疑念を抱かせるような思想書に、生涯触れずに過ごしたのではないだろうか。

明治後期に、愛国教育が強化された理由としては、当時の政治的背景が挙げられることが多い。教科書疑獄、哲学館事件、教科書国定化などの時期には、政府はまもなくはじまる日露戦争に向けて国民の意識をまとめる必要を感じていたとされる。また明治四十四年の南北朝正閏論は、前年に起きた大逆事件を直接の原因とする政府の反動的動き、そしてまた韓国併合による日本の帝国主義強化といった事情が考えられる。

だが実際には、個々の事件には偶発的要素が多く、南北朝正閏論争にいたっては、政府攻撃のために仕組まれたというのが真相だった。事件そのものを政府が目論んだというより、教育を一定の方向に導きたいと考える政府が、あらゆる機会を通して実行していったというのが実情だったのではないだろうか。

政府が「教育改革」を必要と考えた深層には、目先の政治状況だけでなく、国民（特に若者）のあり方の変化があった。

日露戦争の準備のために、日本は臥薪嘗胆《がしんしょうたん》をスローガンとして増税や公務員の賃金カットを行っていたが、賠償金を取れなかったため戦後も財政難は続き、それどころか戦費調達のために国債を乱発したために財政難は深刻化していた。しかし「一等国」となった日本では、それにふさわしい消費への欲求が高まっていた。

なかでも若者は贅沢指向になり、若旦那化しているように思われた。その一方で覇気に乏しく、こじんまりとしてきた。国文学者の石原千秋は漱石の『三四郎』について〈三四郎の「野心」のちっぽけさは、当時の青年への期待のパロディだったはずだ〉（『近代という教養』）と指摘している。

知的若者の関心の面では、明治前期の実学志向から、大正教養主義と呼ばれるような教養的、観念的、抽象的なもののほうへと、主軸が移りつつあったのも、旧世代には不安の種だった。明治時代を生きてきた父の目から見ると、若者は無気力でシニカルで、個人主義あるいは利己主義に陥っているように見えた。

浮田和民は「現代生活の研究」(「太陽」明治四十三年六月)のなかで〈個人的発展を喜ぶこと今日の如く、亦物質的幸福を求むること今日の如きは、世界を通じて有史以来未だ見ざる所なり〉と述べている。明治末期、世は経済優先、物質主義の時代になっていた。それを築き、拝金主義をますます加速させていたのは親世代なのだが、その一方で若者たちが若い時から理想や社会への貢献を考えないのは「嘆かわしいこと」と感じていた。

こうした変化の背景には、明治末期の中流階層には一応の文化的余裕が生じたこと、そしてますますの教育熱があったろう。子供の高学歴化を望む親と、具体的な目的意識を持たずにとりあえず進学を望む子供にとって、学問自体は真の目的ではなかった。彼らにとっては一種のブランドとしての学歴こそが大切であり、特定の専門分野への情熱を持ったスペシャリスト指向ではなく、汎用性のある知性を身につけたジェネラリスト指向の「教養」へと向かったという側面があった。

また明治前期とは異なり、すでに社会制度が固まっていたために、若者に対しては進取の気風や独立心よりも、組織のなかで上司の指示を着実にこなす従順で篤実な人材が求められるようになったという事情もあった。今どきの若者は覇気がないと嘆きつつも、逆らわれたり追い落とされるのを恐れるのが親世代だ。

贅沢化といえば、明治四十三年四月、東京音楽学校楽堂で東京フヒルハルモニー会発会式が開催されている。三菱財閥の四代目当主となる岩崎小弥太が中心になって作った組織で、この会は後には管弦楽部を設けるが、当初は洋楽演奏者の後援団体としてピアノ独奏会や独唱会を開いていた（東京フィルハーモニーの直接の起源は名古屋のいとう呉服店《後の松坂屋》が明治四十四年に設けた少年音楽隊にあり、別組織である）。

四十四年三月には帝国劇場が落成。その中心になったのは帝国ホテルの大倉喜八郎で、発起人には益田太郎、渋沢栄一、荘田《そうだ》平五郎、日比《ひび》翁助《おうすけ》、福澤桃介、手塚猛昌《たけまさ》ら財界の大物が名を連ねていた。益田太郎は三井財閥の総帥・益田孝の息子で、世相風刺の軽喜劇の作者としても知られていた。福澤桃介は福澤諭吉の女婿で相場師として名を馳せ、電気事業も手がけた実業家、日比翁助は三越百貨店支配人、手塚は日本初の月刊時刻表「汽車汽船旅行案内」の発行者だった。明治四十五年三月にはジャパン・ツーリスト・ビューローが創立され、レジャー産業が活性化した。もっとも、その主たるターゲットは海外富裕層のリゾート客で、外貨獲得が目的だったが、この頃から国内でも新婚旅行などの贅沢な旅行が庶民にも広まりはじめた。大正中期の日本には、まがりなりにも大衆消費社会が出現したが、庶民に贅沢を使嗾したのは政財界の貴顕たちだった。国民の観光旅行は、「国民教養の向上」とむすびつけられ、国史ゆかりの史跡訪問が推奨された。

帝国劇場は、諸外国の外交官や来日した賓客をもてなすにふさわしい劇場を——という需要もあって生まれたが、富裕層の社交場として機能した。

三越呉服店はさっそく「今日は帝劇、明日は三越」というキャッチコピーを作り、市民層の消費意欲を刺激した。従来、高級品の販売は専ら専門店で行われていた。いや、高級品に限らず、新品の着物は呉服屋で仕立てるものだったし、家具は指物師に注文するのがふつうだった。ちょっとした品物は「既製品」ではなく、作らせるのが一般的だったのである。椅子や洋机、書棚などについていえば、既製品の多くは輸入品であり、国内で注文して作らせたほうが安上がりだった。

もっとも、高級輸入品や注文品を手にできるのは中流以上の人々で、庶民クラスでは着物は古着屋、諸道具の道具屋で中古品を買う者も少なくなかった。どのような買い物であっても、店員との間に好みや材質についての問答を必要とし、買う側の教養や生活レベルがはかられるような場面もあった。庶民にとって、高級専門店の敷居は高かった。ましてや地方から東京に出てきた者にとって、大きな「買い物」は緊張する場面だった。

これに対して三越などの百貨店は、さまざまな商品を常設展示し、すべての来訪者を「お客さま」として扱った。百貨店に行けば、誰でもつかの間、紳士淑女のように丁寧に扱われ、豊かな気分を味わうことができた。その意味で百貨店は、高級品を売る場所であると同時に、庶民のための場所でもあった。消費拡大の時代は、庶民の消費欲求拡大の時代でもあった。これは庶民ないし中間層の人々にとっては、欲望を刺激されても金は足りず「欲しいものが手に入らない」社会の到来でもあったのだが。

日本橋三越は大正十年六月に西館を増設した。近代的な七階建ての建物で、六階には大食堂を設けていた。三越は同月二十一日に山県有朋など政財界の名士を招いて披露祝賀パーティーを催した。新聞各紙はその贅沢なつくりについて書き立てている。国民が贅沢、奢侈に流れる風潮を懸念していた山県は、当初、西館開設を苦々しく思っていたらしい。だが実際に訪れた結果〈先ずあの様子なら未だ亡国の兆が現われて居るとも言えぬ〉（岡義武『山県有朋』）との感想を持ったという。いうまでもないことだが、晩年の山県は百貨店レベルではない贅沢な生活を送っていた。

西館増築の頃の三越呉服店

それでも庶民や若者にしてみれば、百貨店は贅沢な場所であり、いつでも気兼ねなく買い物ができるような場所ではなかった。購入はできないものの、贅沢な気分を味わいたくて、ウィンドーショッピングするというのが、青年たちの娯楽になった。

†危険な高等遊民、危険な洋書

このように都市文化が発展する一方、農村部の生活は貧しいままで、地域格差が拡大した。長塚節《たかし》は、寒村の過酷な現実を描いた『土』を「朝日新聞」に連載した（明治四十三年六月〜十一月）。それが単行本化されるに当たって、序文を寄せた夏目漱石は「『土』に就て」で次のように述べている。

余はとくに歓楽に憧憬する若い男や若い女が、読み苦しいのを我慢して、この『土』を読む勇気を鼓舞する事を希望するのである。余の娘が年頃になって、音楽界がどうだの、帝国座がどうだのと云い募る時分になったら、世は是非この『土』を読ましたいと思っている。娘はきっと厭だというに違いない。より多くの興味を感ずる恋愛小説と取り換えてくれというに違いない。けれども余はその時娘に向って、面白いから読めというのではない。苦しいから読めというのだと告げたいと思っている。

このように書いた漱石は、実際には貧農の生活を経験したことはなかった。それでもかっての日本は全体に貧しく、貧農生活に近い貧困を、漱石も身近に見聞きしないではなかった。漱石自身は常に一定以上の生活を送っていたが、意識としては「貧しい日本を知る世代」であり、「今どきの若者は……」との思いを抱いていたのだろう。

その一方で漱石は、この時期、娘のためにピアノを買っており、息子は暁星中学に進ませている。暁星は当時の日本で最も設備の充実した学校のひとつであり、学費もいちばん高いといわれていた。子供たちが贅沢に慣れることを懸念しながら、その贅沢を子供に与えてやろうとがんばってきたのが「明治の父」だった。漱石自身は能が好きで自らも習い、皇族が臨席する能楽会などにも出かけている。骨董にも趣味があり、小説の参考にするつもりもあってか、そうした場で見聞きした華族や富裕層の骨董談義を日記に書きとめてもいる。大人もまた贅沢化していた。

夏目漱石は自作でしばしば大学を出たにもかかわらず職に就かずに暮らしている男を作品に登場させ、高等遊民と呼んだが、実際にそうした層の存在は明治末期から問題になっていた。ただし政府が高等遊民を危険視したのは、高学歴者を活用できないことが将来の日本の学問や産業の発展にとって損失であるからということより、職にあぶれた高学失業者が社会主義などの危険思想に走るのではないかとの懸念からという面が大きかった。このため高等遊民対策は、失業対策というより、思想統制に主軸が置かれた。

明治四十四年の九月から十月にかけて、朝日新聞は「危険なる洋書」という連載記事を掲げている。ここでいう「危険なる洋書」というのはマルクス主義関係ではなく（それが危険であることはわざわざ言うまでもなかった）専ら文学書であり、イプセンやズーダーマン、フローベール、オスカー・ワイルド、ダヌンチオ、アンドレーエフなど、女性の解放や耽美主義、不倫などを扱った小説が取り上げられていた。思想家ではニーチェが批判された。これらの共通項は「家制度、社会の良俗秩序を壊乱する恐れ」だった。

十月一日には「忠孝を冷笑する永井荷風」という記事が載り、「自然派小説や頽廃詩人を耽讃し自堕落な風習を楽しんで帰つて来て、尚且耽溺生活を続けているのだ。彼の部屋にはニイチエとベルレーヌの額が懸けてある。本棚にはゾラ、モーパッサン、ロチ、マルセル、プレヴオ、フランス、ボードレール」云々と書かれていた。

もちろん青年層のすべてが私的ありようだけに関心を向けていたわけではなかった。大逆事件後の監視強化の中でも、社会主義への関心は広がり続けており、特に知的な青年にとって社会主義は「必須の教養」とすらいえるものになっていた。漱石『明暗』の津田は、大きなドイツ語の経済書を読んでいるのだが、これはマルクスの『資本論』ではないかといわれている。また津田の知人で経済的に苦しい小林は、しばしば社会主義者風の発言をしている。また芥川龍之介は大正三年の年賀状に「危険なる洋書を閉じて勅題の歌たてまつる春のめでたさ」と書いた。この「危険なる洋書」は、イプセンやワイルドではなく、たぶんマルクス主義関連のものだろう。そうでないと勅題とのコントラストが成立しない。

政府は社会主義の台頭と若者たちの社会的無関心、個人主義というふたつの危機に対して、次世代を担う子供たちの教育を引き締めることで対応しようとした。

その一方で、贅沢に慣れた若者は、明治前期とはまた別の形で、国家の欲望を忠実に反映した存在にもなっていた。たとえば夏目漱石の『明暗』には、小林という貧しい青年が出てくる。彼は社会主義的な言動をもって富裕層や小市民を批判するのだが、そんな彼自身は東京で適当な職を得られないために、朝鮮半島に渡ろうとしている。たぶん小林が大陸に向かうのは、日本による搾取を止めるといった目的のためではない。彼は搾取を批判する一方で、自分も朝鮮に行けば何らかの利権に与かれるだろうという期待を抱いているのだ。

また同じく漱石の『彼岸過迄』の話者である青年も、高学歴を得ながら思うような就職口を見つけられない憂さ晴らしに、東南アジアに行ってゴム園の支配人になることを夢想したりする。まるで南方に行けば、自分もすぐにゴム園の支配人になれるかのような、そんな暢気で図々しい権利意識を持っているのである。この暢気さが、どれほどエゴイスティックなものであるかは、ちょっと考えれば分かるはずだ。しかし「ロマン」は時に、冷静な思考とは別のところで、人間を無自覚な行動に駆り立てることがある。このような無邪気な欲望は、昭和の満蒙開拓にも通じているだろう。

第一章で取り上げた山田禎三郎の幻島「中ノ鳥島」の「発見」は明治四十年八月（発見届は四十一年）のことだったが、それはこのような風潮の中での出来事だった。夏目漱石が高浜虚子との戯れに「無人島の天子とならば涼しかろ」と詠んだのは明治三十七年だ。

探検による新領土への夢想といえば、韓国併合のあった明治四十三年の十二月、白瀬《しらせ》矗《のぶ》らによる探検隊が、南極に向かって出発した。白瀬は長年、南極探検を目指して過酷な努力を重ねていたが、政府は支援に消極的で、白瀬は私財を投げ打ち、借金や民間寄付に頼り、それでも資金不足での探検行だった。

隊員間の不和や橇用の犬の死などに見舞われながら、ようやく南極に到着した白瀬は、自分たちが発見した場所を「大和雪原」と名付け、先取による領有宣言を行った。日本政府はこの権利を太平洋戦争の敗戦まで放棄しなかった。しかし実は大和雪原は領有可能な陸地ではなく、海に張り出した棚氷だった。つまりその領有権は、もともと幻にすぎなかった。

†「大正青年」という若旦那

明治天皇が没した時、明治とともに生きてきた親世代は、これをひとつの終わりと捉えたが、まもなく「大正青年」と呼ばれることになる若者たちは、何かがはじまる合図のように感じた。志賀直哉は明治天皇の死に、何か重石が取れたような開放感を感じたと述べ、乃木大将の殉死にも極めて冷ややかだった。芥川龍之介も、乃木大将の殉死に何か演劇的なわざとらしさを見ていた。徳富蘇峰が「分ります乃木大将。分ります」と感慨無量だったのとは対照的だ。

こうしたギャップを、「明治の父」世代の視点から書き綴ったのが、徳富蘇峰の『大正の青年と帝国の前途』（大正五）だった。この本は当時、大ベストセラーになっている。

そのなかで蘇峰は、大正青年を「金持の若旦那」と表現した。幕末維新以来の努力によって、日本をここまでにしてきた「明治の父」の資産を、あたかも自分の所有物のようにみなして消費しようとする「大正青年」は、「明治の父」から見ると、頼りない存在だった。第一、まだ親は生きているので親の資産は親自身のものなのだ。それをまるで遺産の先取りのようにして、「御父さんが死んだ後で、一度に御父さんの有難味が解るよりも、お父さんが生きているうちから、毎月正確にお父さんの有難味が少しずつ解る方が、どれ位楽だか知れやしません」（夏目漱石『明暗』中の津田――推定三十代、大学出の会社員の心境）といわれるのは、親としては納得できないだろう。こんな子供に財産を渡したら、すぐになくなってしまいそうだ。

そんな不出来な若者を、『明暗』の父は憂い、蘇峰もまた嘆いていた。

蘇峰は大正青年といっても一種一色ではないとし、これを「模範青年」「成功青年」「煩悶青年」「耽溺青年」「無職青年」などのタイプに分類し、それぞれの特性をカリカチュアライズして描き出した。

類型ごとの特質を見てみよう。

「模範青年」というのは、素直に取れば「真面目ないい子」だ。親の言いつけをよく守り、真面目に学校に行き、真面目に卒業して真面目に仕事に就く。そこには内面的な破綻はなく、また既成社会に対する反抗心もきわめて希薄だ。まあ安心な存在ではある。ただしそこには挑戦や冒険がないので、飛躍の可能性もとぼしい。

この頃政府はさまざまな「模範」を示してその浸透遵守を図っていた。模範学校が選ばれ、理想化された模範教師のあり方が推奨され、生産量向上に真面目と取り組む模範町村や模範工場が顕彰された。近代日本の成長は、明治期の冒険的、挑戦的な段階を脱して、安定的、計画的なものとなっていた。模範は一種の官制流行語だったのである。

蘇峰によると、模範青年になるためには三つの条件を満たさなければならない。その第一条件は、行状が円満であること。第二条件は真面目に勉強すること。第三に自己宣伝がうまいこと。こう述べながら蘇峰は、この三条件それぞれに、人格円満というのは圭角《けいかく》がなくて誰とも衝突しないことであり、勉強は〈天使のみ之を悦はす、悪魔さへも悦ふ。勉強の向ふ所、天下に敵なし〉、広告については〈今日に於て、如何なる商品も、広告なくしては、売れ行き悪しき也〉と皮肉を述べてもいる。要するに模範青年は、大人としては別に文句を言う筋合いではないのだが、小さくまとまっていてつまらない奴というタイプだった。

これに対して「成功青年」は、ともかく成功したがる奴である。しかも蘇峰によると、成功青年は自身の運命を開拓するばかりでなく、国家の運命をも開拓していく存在だとしながらも、彼らは利己主義に凝り固まっており、他人の迷惑には無頓着で自分の損得にしか関心がない。

成功青年といっても、正攻法で成功を目指すものもいれば、乾坤《けんこん》一擲《いってき》の博打的方法を目指すものもいる。前者は大学をいい成績で卒業して、高級官僚や一流企業での出世を目指す。こうした学歴型成功青年は「模範青年」に似ているが、模範青年が「平均値」「みんないっしょ」「安定安心」を指向するのに対して、成功青年はエリート指向が強く、「銀時計恩賜者」「みんなの先頭」「トップ独走」を理想とする。

これに対して、搦め手からの出世を目指す若者は、冒険を辞さない。外国の冒険譚を読むなら、オックスフォード大学を中退して南アフリカに行き、ダイヤモンド鉱山を掘り当てた――というような話を好む。蘇峰は、成功青年の説明のはじめでは、国家の未来を開拓するのは彼らだと述べていているが、けっきょくこうした成功熱の流行患者は、大口は叩くが高邁な理想は持っておらず、〈金持ちになりたしと云ふ一念に使役せらるゝに過ぎず〉と結んでいる。

もっと困るのは「煩悶《はんもん》青年」だという。これは幅を利かせている成功熱に反抗し、あるいはその情熱から取り残されて、世の中に自分の居場所がないと感じている一群の若者たちだ。どんな若者も、思春期には「煩悶病」とでも称すべき深刻思考と自意識過剰に陥る時期があるものだが、煩悶青年はいつまでもその段階から脱することができない。

若者は誰でも実社会に出ることに不安を抱いているものだ。それを乗り越えるための大きな契機となるのは、功名心と恋愛。「他人に負けたくない」「尊敬されたい」という野心と「モテたい」「幸せになりたい」という気持ちから人はがんばるのであり、不安を乗り越えて実社会に飛び立っていく。しかし今（大正時代）では、不安のほうが先立って行動に踏み切れない若者が増えた。これは世の中が自由になったためで、選択肢が飛躍的に増えた反面、迷って煩悶する若者も増えた。表面上は模範青年・成功青年のように見えても、内心では自分の願望を達成できずに（自分の能力や努力の程度では、それも仕方ないと薄々は知りつつ、それでも諦め切れなかったりして)、煩悶している若者もたくさんいる。

深刻なケースでは〈食事を摂取せずして、薬用のみを事としたるか如く。徒らに神経のみ過敏となり、精神のみ亢奮し。狂人製造所にて、製造せられたる一種の人造狂漢たるの状〉に陥る。しかも〈其の心情の柔軟にして、その才能の華美なる輩に於て、最も其の患者を多く見出すか如きは、是れ実に国家の為めに、幾許《いくばく》有用の人材を、失墜したるものとして、深慨せさらんとするも能はさる也〉と危惧している。明治末期から文学青年、知的青年のあいだでしきりにいわれた神経衰弱、そして芥川龍之介の自殺をも予感させる言葉だ。

それでも煩悶青年は、まだ誠実なだけ上等で、もっと困るのは「耽溺青年」だという。このタイプは、大所高所に立って人生を考えるところがなく、刹那的な生き方を主義としている。刹那的であっても愚かではなく、その時々でもっともらしい理屈を捏《こ》ね、苦虫を噛み潰したような顔をしながらも、本質的には自身の趣味嗜好に耽溺して、それ以外のことには関心が薄い。学識はあってもオスカー・ワイルドをもてはやしているような輩は、耽溺青年だと蘇峰はいう。前掲の新聞連載「危険なる洋書」が指摘していたのは、こうした青年層への悪影響だった。

耽溺青年は愛国心を持たず、道徳を軽蔑し、学業に励まず、仕事を莫迦《ばか》にしている。たとえ利益のためであっても働くのを厭い、ましてや他人のためになろうとか、国のために役立ちたいといった公徳心は全くない。つまり耽溺青年は虚無的な危険分子である。そして蘇峰は、耽溺青年の不真面目な態度は、破壊的社会主義の活動家よりも、さらに社会のために有害だと決めつけるのだ。

要するに模範青年は偽善的であり、成功青年は軽率で危うく、煩悶青年は内向的すぎ、耽溺青年は虚無的な利己主義者だ。いずれも反社会分子になる危険がある。

だが本当のマジョリティは何の特徴も持たない「無色青年」だ、と蘇峰はさらに断じている。耽溺青年は、反社会的とはいっても、少なくとも自分の好きなことには耽溺している。だが無色青年は、何も自ら持するところがない。ただ周りの人々に追随して、付和雷同するだけだ。

無色青年は、模範青年のように計画的に何かをするわけではなく、成功青年のように野心があるわけではなく、煩悶青年のように悩まず、耽溺する対象も持たない。しかし○○が流行っていると聞けば自分もくびを突っ込み、それで満足している。オルテガは、大衆とは他人と同じであることを苦痛と感じず、むしろ安心し喜ぶ人々だと定義したが、大正の無色青年とは、まさに大衆の定義そのもののような存在だった。

無色青年は「反社会的」ではないが「無社会的」だった。彼らは今後、何者かになる可能性をまだ秘めているが、何にもならないまま、ただ世相や流行に流されるままに歳を重ねていく可能性が高かった。それがいかに危険なものだったかは、昭和十年代になるとはっきりしてくる。

†束の間の文化的消費、享楽的生活

それでも明治末期から大正期にかけては、表面上は都市部を中心に市民文化の発展が見られた。それは瞬くうちに通俗化し大衆化し、変形しながら庶民層にまで広がっていく。「明治の父」と「大正青年」のいちばんの違いは、前者が生産的欲望を優先させていたのに対して、後者は消費的欲望に重きを置いていた点にあるのかもしれない。少なくとも漱石作品では、父と子の断絶は、この点に表現されている。

『明暗』でも、社会の第一線を引いた老父は、なおも家作の管理をしながら「生産的」であろうとしているのに対して、親のコネで職を得た大卒の息子は、給料だけでは生活が苦しいと訴え、三十歳をすぎても父親から毎月決まった額の仕送りをもらっている。その金で、やや背伸びをした上層中流階級（＝空想上自分が所属する階級）の暮らしをしている。この「空想上の、今の自分よりちょっと上の生活」を、明治人は立志出世で得ようとし、大正青年は親の資産を消費することで得ようとした。この傾向は庶民にまで広がっていく。

帝国劇場には海外からの使節接待の目的もあったため、開場当時から歌劇部が設けられていた。大正元（一九一二）年にはイタリアから演出家ジョヴァンニ・ヴィットーリオ・ローシーが招かれ、その指導の下、オッフェンバックの『天国と地獄』、プッチーニの『蝶々夫人』、モーツァルトの『魔笛』などが上演された。またアメリカで歌やダンスを習い、舞台にも立っていた高木徳子が、世界大戦がはじまった大正三年に帰国し、翌年には帝国劇場でローシーの振付で、同夫人とともに『夢幻的バレエ』で国内デビューを飾り、人気を博した（ただしローシーと徳子とではダンス観が異なっており葛藤があったといわれている）。

だが帝劇歌劇部はオーケストラ団員の人件費等が嵩《かさ》んで採算が合わず、大正三年五月には洋劇部と改称して通俗的な西洋演劇を舞台にかけるようになったが客入りはいまひとつで、大正五年五月に解散となった。ローシーも同年十月に帝劇との契約が期間満了となり、一時は帰国も考えたが、指導中の日本人音楽家からの懇請もあり、「ローヤル館」を創立、本格オペラの上演を続けた。しかし興業は振るわず、大正七年二月には同館は解散し、ローシーは日本を去った。

その後、ローヤル館の関係者の一部は浅草での軽喜劇活動に入り、「浅草オペラ」となっていく。オペラといっても、浅草オペラは本物のオペラばかりでなく、ジャズやシャンソンなど、あらゆる洋楽を含んでいた。庶民の歓楽街であるだけに、浅草オペラでは荘厳で重厚なオペラではなく、若いダンサーの踊りやコミカルな筋が好まれた。

浅草オペラの隆盛の影響は、演芸の世界だけにとどまらず、文学や活動写真などあらゆる創作にまで広がっていくことになった。今東光《こんとうこう》やサトウ・ハチロー、辻潤なども有名なペラゴロ（浅草オペラの常連ファン。「ゴロ」は周りに屯する者、つまりゴロツキで、現代でいう濃いオタク）で、宮沢賢治、今日《こんひ》出海《でみ》、川端康成、東郷青児、小林秀雄らも足繁く浅草に通っていた。堀辰雄はレビュー時代に入ってから浅草によく通うようになった。彼らの作品には、多かれ少なかれ浅草の芸能界が描かれることになる。

この時期の浅草について谷崎潤一郎は〈僕が浅草を好む訳は、其処には全く旧習を脱した、若々しい、新しい娯楽機関が、雑然として、ウヨウヨと無茶苦茶に発生して居るからである。亜米利加合衆国が世界の諸種の文明のメルチング・ポットであるというやうな意味に於て、浅草はいろいろの新時代の芸術や娯楽機関のメルチング・ポットであるやうな気がする〉（「浅草公園」、「中央公論」大正七年九月号）と書いている。

一方、ちょっと背伸びした消費文化の中心地である百貨店では、子供にまで目を向けはじめた。三越は明治四十一年に他店に先駆けて子供部を新設し、翌四十二年に第一回児童博覧会を開催している。これは大正十年まで春のイベントとしてほぼ毎年行われることになる。子供に豊かさを与えたいと思う親の潜在的需要に目をつけたのだった。

東京では明治三十年代にビアホールやソーダファウンテンが、明治四十年代にカフェが開業している。明治四十四年、銀座煉瓦街の一角にオープンしたカフェー・プランタンは文化サロンを目指したが、男性ではなく女給が給仕に当たり、珈琲や洋酒のほか、ソーセージ料理やマカロニグラタンなどの洋食を供した。また開業当初は会費五十銭の維持会員を募り、二階を会員専用とした。会員には洋画家の黒田清輝、岡田三郎助、和田英作、岸田劉生ら、作家の森鷗外、永井荷風、谷崎潤一郎、岡本綺堂、正宗白鳥、小山内薫、島村抱月、木下杢太郎《もくたろう》、高村光太郎、北原白秋、吉井勇、長田秀雄、長田幹彦らがいた。銀座にほど近い新橋花街の芸妓らも客とともによく訪れ、その姿が見られるのも評判だったらしい。

2　幻想の故郷・日本への回帰

†セーヌ川幻視と南蛮趣味と架空の故郷

カフェー・プランタンの会員を見ていると、パンの会のメンバーとかなり重なっていることに気付く。明治末期、文壇の主流は自然主義文学だったが、これに反発する耽美主義や幻想的想像力を指向する人々もいた。そうした人々の集団として知られるのがパンの会だ。北原白秋、木下杢太郎、長田秀雄、吉井勇、さらには石川啄木など「スバル」系の詩人と、美術同人誌「方寸」に集《つど》っていた石井柏亭（主宰）、山本鼎、森田恒友、倉田白羊らの画家など二十代の芸術家らが、文学と美術の交流を通して意気投合し、浪漫派の新芸術を語り合おうとして作られた場で、やや遅れて高村光太郎も参加。時には、上田敏、永井荷風、谷崎潤一郎なども顔を出し、さらには歌舞伎の市川左団次、市川猿之助らも姿を見せることがあった。

パンの会の第一回の集まりは明治四十一（一九〇八）年十二月、両国公園矢ノ倉海岸の西洋料理屋「第一やまと」と開かれた。

パンの会は、両国から神田、永代橋、日本橋と場をかえながら、一九一三年頃まで続いた。杢太郎も述べているように、彼らの想像力のなかで、東京はパリに、隅田川はセーヌ川に重ねられ、自分たちはセーヌ河畔のカフェに集う芸術家に擬《なぞら》えられていた。白秋や杢太郎の南蛮趣味は、江戸以前の文化の中に西洋との融合を見出す試みであり、フィクションの色彩が濃かった。彼らの江戸趣味自体、架空の江戸美学の創造だったのである。

この点について、杢太郎自身も〈我我の思想の中心を形造つたものは、ゴオチエ、フロオベル等を伝はつて来た『藝術のための藝術』の思想であつた。斯の思想的潮流は本元でもエキゾチシズムが結合した。必然我々の場合にもエキゾチシズムが加わつた。欧羅巴文学それ自体が既にそうであつたが、別に「南蛮趣味」が之に合流して、少しく其音色を和らげ且つ複雑にした。浮世絵とか、徳川時代の音曲、演劇といふものが愛されたが、それはこの場合、伝承主義でも古典主義でもなく、国民主義でもなく、エキゾチシズムの一分子であつた。浮世絵は寧ろやゴングウルやユリウス・クルトやモネやドガなどの層を通じて始めて味解された〉(『パンの会』と『屋上庭園』」)と述べている。

このような眼差しで周囲を見渡すとき、ありふれた景色は、オキシデンタリスム(西洋趣味)を通したオリエンタリズムによって二重に異化され、日本には西洋文化の古い残滓が認められると同時に、幻想の国となるのだった。そんな杢太郎の想像力は、『食後の唄』によく示されている。

ちなみに木下杢太郎は医学者(本名・太田正雄)でもあり、探偵作家で医学者だった小酒井不木とも親しく、連句の会を催す仲だった。杢太郎は後に医学者としてフランスに留学している。

もっと直接的に、西洋を自らの母国のように思い、日本への違和感を表明する人々もいた。

明治四十四年、慶應義塾大学の二年生だった堀口大學が、外交官の父から、ベルギー留学を前提にメキシコに来ることを命ぜられた際（大學の父・堀口九萬一《くまいち》はフランス人と再婚しており、外地で暮らす堀口家の日常語はフランス語になっていた）、親友だった佐藤春夫は次のような詩を送っている。

友の海外に行くを送りて

君白耳義にゆくと云ふ、
美しき少年なれば、
美しきかの国なれば、
海こえてゆくつばくらめ、
かにかくに胸はをどらん。
されどまたゆかざるもよし
予が常の詭弁と云ふな、
予はしばし日本に住まん、
よきこの国の民ならぬ

旅人のＬＯＴＩの眼をもて
東方のをかしき国を
芸術を知らざるを嗤ふべく
哀れなるＪＡＰＯＮに住まん
否、しばし呪はれし島にとどまる。
かくて幾年の後、君を追ふとき
「行く」とより「帰る」とこそ云ふべけれ。

佐藤春夫の想像力のなかで、日本という「東邦のをかしき国」を異邦人の眼で眺める旅人であり、西方の「美しき国」こそは自分が帰るべき故郷なのだった。

✝空想のなかの「美しい国」

自分が生まれ育った日本の現在という「今ここ」を拒否し、「ここではない別の何処か」を強く希求したのは、佐藤春夫ばかりではなかった。英文学者で詩人の日夏耿之介やフランス文学者の鈴木信太郎、辰野隆《ゆたか》といった人々にとっても、自分の祖国は書物の中にある外国だった。

日夏耿之介は明治四十五（一九一二）年に西条八十《さいじょうやそ》らと同人誌「聖盃」（のち「仮面」と改題）を起こし、大正六年には芥川龍之介や西条八十とともに愛蘭土文学研究会を結成している。菊池寛はヨーロッパの辺境であるアイルランドの素朴さに日本と共通するものを見出している。彼は極東の日本と極西のアイルランドをつなげようとした。

またダンセイニやフィオナ・マクラウド、シングなどのアイルランド文学を翻訳紹介したことで知られる松村みね子の周辺には、それこそ日本離れした雰囲気が漂っており、堀辰雄は彼女をモデルに『聖家族』や『楡の家』を書いている。堀辰雄は異国憧憬と自己の周辺光景を巧みにすり合わせて独自の世界を拓いた。

堀辰雄は下町で育ち、東大在学中から小説を発表しはじめたが、当初は軽井沢などの高原を舞台にした小説ではなく、都市を描くモダニズム文学の書き手として出発した。初期の「手のつけられない子供」は浅草を舞台とし、浅草十二階などが出てくる。「ジゴンと僕」にも浅草の水族館が出てくるし、「不器用な天使」も下町の繁華街や河畔風景が存分に書き込まれている。しかしそこに描かれているのは、現実の東京下町ではなかった。まるで外国の映画監督が撮ったような、嘘ではないけれども何だか違和感のある日本風景――それが堀辰雄の描く東京だった。堀辰雄が描く日本橋や銀座が、パリのように華やかで軽やかだ。これが高原を舞台にした『風立ちぬ』『美しい村』では、いっそう深められていく。夏の軽井沢は、もともと日本ではないかのような特別な空間だったが、堀辰雄は美しい文章で、日本のすべてを美しく描いた。

昭和十年前後から一部の文学者たちの日本回帰がはじまる。堀辰雄の関心も日本の古典に向かい、高村光太郎や萩原朔太郎は明確に日本回帰を打ち出した。

転向によってマルクス主義を捨てた文学者や思想家のなかには、逆に熱烈な国体論者、国家社会主義者に転じた者がいたが、私はそれをあまり不思議には思わない。正しさを求めていた生真面目な人間が、強いられてとはいえ転向した場合、自己を肯定する新たな「正しさ」にすがろうとするのは、痛ましいけれども大いにありえることだ。

マルクス主義は合理精神（デカルト以来の大陸哲学）と実証主義（主に英国で発展した経験論）を弁証法的に止揚した唯物論だとされるが、その世界観はもっぱら普遍概念に依拠した自然法思想と、その反措定としての歴史的特殊性から沸き起こるロマン主義の対立を、実践的に統一しようとするものだった。日本におけるその政治場の底層には、自然法の加藤弘之的転換やロマン主義の南北朝正統論的効用に横滑りするような要素が最初からあったともいえよう。教育の帝国化を招いたイデオロギーとマルクス主義のそれは、方向やレベルは異なるにせよ、同じ位相に属している。「帝国主義から革命へ」というスローガンは可逆的だった。

むしろ非政治的な作品を書いていた人々のほうが、戦時下でもしぶとく自己の文学を守っていたが、そうはいっても時局に背く作品は発表できなかった。美学的な日本回帰を唱えた人々の多くは、大正期には南蛮趣味や異国憧憬が強かったものが少なくないのも興味深い。未知の異邦を故郷として慕うのも、現実の日本から目を背けて架空の理想像を語るのも、実は同じなのかもしれない。橋川文三の『日本浪曼派批判序説』に倣うならは、「異国憧憬」は感傷として、もしくは主知的な判断として「架空の原郷」への夢想を経由して「日本回帰」の大枠に収斂していった、というところだろうか。

†自己肯定のファンタジーへ

かつて新感覚派の旗手だった横光利一《よこみつりいち》も、洋行中に理不尽な人種差別を味わったのか、その後は次第に日本回帰に向かっていく（そういえば高村光太郎も留学経験があった）。

横光は『旅愁』で「これがヨーロッパか。——これは想像したより、はるかに地獄だ」と書き、昭和十六年十二月八日の真珠湾攻撃に際しては、日記に「先祖を神だと信じた民族が勝ったのだ」と記した（十二月九日の項）。昭和十七年四月には、聖戦の犠牲者を哀悼する「軍神の賦《ふ》」を発表した。その切なく美しく洗練された詩句は二重の意味で痛ましい。

さらに昭和二十年三月に発表した「特攻隊」では「私はこの特攻精神を、数千年、数万年の太古から伝わって来た、もっとも純粋な世界精神の表現だと思っている。(中略)最も崇高な道徳精神だと思っている」と書いた。伊藤整のような人物も戦時中も日記に「アッツ島の兵士たちの何という美しい戦いをしたことであろう」と記している。こうした言葉は、痛ましい死者に対するせめてもの餞《はなむけ》であったのかもしれない。しかし現実そのものに対峙せず、美しい物語に逃避しているのも事実だ。

　彼らの「日本回帰」は、「今ここ」に対する愛着ではなく、「あるべき日本」「あって欲しい日本」という架空の、空想上にしか存在しない異郷へのロマンだった。そうした思考は、事実よりも「正しい日本はかくあるべき」という架空の美談や架空の歴史を強調する愛国教育のそれとよく似ていた。

　架空の国を故郷と思う心性が「歴史」に対してはたらく時、そこには荒唐無稽な「義経＝ジンギスカン説」にも似た架空の武勲幻想が沸き起こる。想像力のなかで、虐げられた者こそは神に祝福された英雄にも聖者にもなる。例えばアーサー王が、後醍醐天皇が、楠木正成が、そうである。それは単に物語のなかでの話ではない。そのような架空の根拠によらなければ、そもそも社会改革も文芸上の偉業もはじめられないのかもしれない。

　明治初期の啓蒙家たち、例えば中村正直や矢野龍溪は、西洋文明の科学力・経済力に圧倒されながらも、文化的には対等であるとの自意識に支えられて活動していたし、坪内逍遥は文学の「進化」の必然を唱えることによって文学思潮の改革を呼びかけた。架空のハーケンを打ち込まなければ登れない山もあるのだろう。

そうした心性は意外なところにも見出すことができる。

女性の解放を訴えた「青鞜」（明治四十四＝一九一一創刊）の創刊の辞として平塚らいてうが書いた、あの有名な詩句を思い出していただきたい。

元始、女性は実に太陽であつた。真正の人であつた。
今、女性は月である。他に拠つて生き、他の光によつて輝く、病人のような蒼白い顔の月である。

女性の解放を宣言する詩句が「元始」という言葉ではじまっているのは象徴的だ。「新しい女」たらんとする運動が、「元始」への回帰願望、おそらくは歴史学的には厳密な根拠を持たない（あるいは天照大神の存在を歴史と称するのと同程度の根拠を有する）「女性は実に太陽だった」という架空の失地回復の形を取って語られているのである。

もちろんこれは修辞だ。西欧のルネサンスは実質的には復興運動ではなく、理性中心主義の人間解放運動だったし、青鞜の運動は復古活動ではなく日本では前人未踏の活動だった。だが、「これではない別の何か」「ここではない別の何処か」を求める気持ちを抱きながらも、不安に戸惑う人々の背中をあと一押しするために、人間は、しばしば「かつては○○だった」という物語〈神話、偽史〉に依存した。

それは多分にキナ臭く、容易にルサンチマンの色に染まる。試みに前掲文中のひとつの単語を入れ替えてみれば、それは容易に理解されよう。たとえば〈元始、大和民族は太陽であった。真正の人であった〉としてみると、どうなるか。昭和十六年頃にしきりに書かれた開戦賞賛詩に似ていないか。ちなみにこれはアーリア人でも、ユダヤ人でも、朝鮮民族でも変わらない。過去に仮託して語られる願望は、人々を容易に空想のレコンキスタへと駆り立てる。奪うのではなく取り戻すのだ、と欲望は正当化される。そうした自己肯定のファンタジーへと安易に向かってしまうような思考回路を、戦前日本の教育は国民に刷り込んでしまっていた。

あとがき、あるいは大日本帝国の分水嶺

昭和六年に満州事変が起きたとき、それが太平洋戦争に至る大戦争の序章だと気付いていた人はほとんどいなかったという。昭和十二年に盧溝橋事件が起きて日支事変に突入した際にも、軍首脳部を含む多くの日本人は、この戦闘は数カ月で収まると考えていた。しかしそうはならなかった。日本人はいつの間に欲望や戦闘を押しとどめる方法を見失ったのだろう。

戦闘をはじめたからには、いや本来ならはじめる前に、そのやめ方を常に考慮していなければならない。そもそも戦争は国際間の紛争を解決する手段の一つであって、国家を運営する政治的戦略の一部である。国際法上「合法」なら戦争をしてもいいというわけではないが、戦争をする以上は、有利に終戦に持ち込む戦略としても「合法的戦争」を心がけねばならないし、終結に向けての、より高次の政治戦略が必要だ。

実際、日露戦争時には、日本は国際世論の動向に気を配った。これが人種間戦争とみな

され、黄禍論と結びついて欧米諸国が反日に染まることを恐れた。そこで「立憲君主制で文明国ある日本」と「専制君主制のロシア」という図式を強調した。また一般国民までが国際法に関心を強め、日露戦争が開戦時には国際法の解説書やロシア語学習書が何種類も出版された。敵国の言葉や文化を知ることが、戦略上も重要なのはいうまでもない。

ところが太平洋戦争時には、英語やフランス語は敵性語とされ、学校教育からも排除された。国民学校と改称された小学校では、米英の地理や風土を紹介した地誌、図鑑類までが「スパイ容疑」を招くとして閲覧が制限された。日本人はなぜ、他国を知ろうとすることをスパイ行為だと考えるような、歪んだ思考に陥っていったのだろうか。

私は長いあいだ、大正デモクラシー期に「民本主義」という限定的な形ながら議会制度の下での政党内閣が実現し、昭和初頭には普通選挙も実施していた日本が、容易に軍国主義に傾斜していった理由が理解できなかった。戦前の知識人や政治家にはそれなりにリベラルな思想の持ち主もいたし、天皇側近には穏健な政治への希求もあった。にもかかわらず、どうして民衆は軍部を支持したのか。軍備や工業生産力といった国力の差から見て勝つ見込みの極めて低い戦争に、なぜ進んで突入していったのか。

恐慌下でも続いた政党政治の腐敗や軍縮に対する軍部・右翼の反発、頻発した労働争議やテロなど、事件史や政治思想史の面から、この問題を掘り下げた本は多い。しかし私がいちばん知りたいのは、民衆がどうして自分たちの生活を脅かす軍国化に同調していったのか、批判の声をあげようとしなかったのかという、その構造についてだった。

男子の普通選挙権は治安維持法成立と抱き合わせという形ながら獲得されており、昭和三年二月には第一回普通選挙が実施されていた。大陸での事変発生や戦線拡大は普通選挙下で起きている。新聞や雑誌にも大陸や太平洋での利権拡大を当然視し、煽るような、景気のいい文字が踊った。軍部の圧力があったというより、そのほうが売れたためだろう。民衆は景気のいい話題を好み、さらなる帝国の拡大への幻想を歓迎した。百貨店ではしばしば「〇〇陥落奉祝大売出し」が行われた。まるでプロ野球の優勝記念セールのように。「人間は自分の見たいものを見る」と言ったのは誰だったか。自分たちの国は神国だと唱えるのは、白人が自分たちは優越人種だと主張したのと同様、心地良いものだったろう。満たされない欠落感を抱えていた民衆こそ、切実に単純に、自己肯定の物語を必要としていたのかもしれない。

民衆は戦争の犠牲者だが、同時に戦争に反対し難いような「空気」を醸し出した張本人になっていく。心のなかで不安を感じる瞬間があったにしても、表に出れば提灯行列に参加し、出征兵士に旗を振り、新体制だの国民総動員だのに批判的な者を「非国民」と罵った。そうしたことに疑問を感じなかった。丸山眞男は、日本の歴史に繰り返し現れる復古的気風を「古層」という概念で説明しようとしたが、記憶や神話は遺伝するものではない。それは「伝える／伝えられる」という生の体験によって、今を生きる者に刷り込まれる。

民衆に架空の記憶や神話を植え付けた構造そのものについて考えていく場合、教育の問題（特にすべての日本人に共有された義務教育課程のありよう）は何より重要だ。戦前期の教育格差はとても大きく、昭和十年代に入っても地方では中学校に進学するのはクラスで数人程度であり、尋常小学校や高等小学校で学歴を終えるものが半数以上だった。彼らが受けていた教育はどのようなものだったのかを知ることは、日本が大きな過ちに至った経緯を知る上で是非とも必要だ。

すべての日本人が共有していた義務教育課程で「小国民」に施されていたのは、「日本いい国、強い国」といった耳障りのいい物語であり、「事実」を探求するよりも「あるべき姿」を信じることに重きを置いた教育だった。昭和恐慌後、しきりに「躍進日本」がいわれるようになり、頭初は「安くて優れた日本製品に世界が注目」と宣伝する経済中心のスローガンだったものが、次第に大陸進出、精神主義の誇張、日本不滅論の言葉へと転じていった。多くの人々にとって、手にできる情報は制限されていたが、そもそも庶民は正しい情報の求め方も、その大切さもほとんど学んでおらず、プロパガンダはそのまま事実であるかのように流通した。さらに修身教育が、「正直」を徳目に数えつつも、真実探求に目をつぶったうえでの「公共」への奉仕をより強く説いていたのは、実に痛ましいことだったと思う。日本には今でも事実そのものを明らかにすることよりも、自己が所属する組織を守り忖度することを美徳であるとでもいうような誤った道徳観念（に偽装された処世術）が残っている。

二〇一八年から小学校では道徳が教科化され（経過措置期間中。二〇二〇年からは正式に教科化）、中学でも一九年度から教科化される。そんな時代だからこそ、あらためて道徳的な正しさとは何か、教育にとって本当に必要なものは何かを冷静に考える必要があると私は強く感じている。現在のところ、文科省は「道徳的価値の理解を基に、自己の生き方についての考えを深める学習」を掲げている。これは戦前の修身教育への反省をふまえたものだろう。とはいえ学校現場に児童生徒ひとりひとりに、じっくり自己の教えを深めさせる時間的余裕があるのか、現代日本の家庭や社会に、子供を道徳的に善導する能力や覚悟があるのか、わが身を省みても課題は多い。

長山靖生

主要参考文献

全体あるいは複数の章に関するもの

文部省学制百年史編纂委員会編『学制百年史（記述編・資料編）』（一九八一）
近代日本教育制度史料編纂会編『近代日本教育制度史料』一～三五巻（大日本雄弁会講談社、一九五六～五九）
鹿野政直『近代日本の民間学』（岩波新書、一九八三）
中村紀久二『教科書の社会史』（岩波新書、一九九二）
小沢栄一『近代日本史学史の研究　明治篇』（吉川弘文館、一九六八）
徳富猪一郎『青年と教育』（民友社、一八九二）
徳富猪一郎『国民教育論』（民友社、一九二三）
杉山忠平『明治啓蒙期の経済思想』（法政大学出版局、一九八六）
吉野作造編輯代表『明治文化全集』一～二四（日本評論社、一九二八～三〇）
『新聞集成明治編年史』全一五（本邦書籍、一九八二）
『朝日新聞社史』全四（朝日新聞社、一九九〇～九五）
『読売新聞百二十年史』（読売新聞社、一九九四）
田中惣五郎『近代日本官僚政治史』（書肆心水、二〇一二）
井尻常吉編『歴代顕官録』（原書房、一九六七）

第一章

中村紀久二解説『復刻　国定修身教科書　解説・索引』（大空社、一九九四）
立花隆『天皇と東大』上・下（文藝春秋、二〇〇五）
山住正己『日本教育小史──近・現代』（岩波新書、一九八七）
長山靖生編『「修身」教科書に偉い人の話』（中央公論社、二〇一七）
長谷川亮一「幻の日本領・中ノ鳥島をめぐるミステリー」（『中央公論』二〇〇八年一〇月号）

第二章

清水晴明編『哲学館事件と倫理問題』（みすず書房、一九八九）
竹村牧男『井上円了　その哲学・思想』（春秋社、二〇一七）
『井上円了選集』全十七（東洋大学、一九八七）
東洋大学編『東洋大学創立五十年史』（東洋大学、一九三七）
東洋大学井上円了記念学術センター『井上円了の教育理念』（東洋大学、一九八七）

第三章

史学協会編『南北朝正閏論』（修文閣、一九一一）
山崎藤吉・堀江秀雄共纂『南北朝正閏論纂』（皇典講究所、一九一一）
友声会編『正閏断案　国体之擁護』（東京堂、一九一一）
姉崎正治『南北朝問題と国体の大義』（博文館、一九一一）
高橋越山『南北朝論』（成光館、一九一二）
内田周平『南北朝正閏問題の回顧』（谷門精舎、一九三八）
峰間鹿水『国定教科書に於ける南北朝問題始末』（文学協会、一九一四）

峰間鹿水『国定教科書に於ける南北朝問題始末追補』（文学協会、一九一四）
稲村担元・谷口撃電編『南北悲史新田精神再検討』（新田精神普及会、一九三九）
伊藤銀月『南朝と北朝』（千代田書房、一九一〇）
牧野謙次郎『南朝正統論』（春陽堂、一九一二）
喜田貞吉『国史之教育』（三省堂、一九一〇）
三上参次『国民思想に関する一考察』（啓明会、一九三二）
「日本及日本人」（一九一一年三月号、四月号）
「教育界臨時増刊　南朝号」（一九一一）
『原敬日記』全六（福村出版、一九六五～六七）
木村毅『新文学の霧笛』（至文堂、一九七五）
藤村道生『山県有朋』（吉川弘文館・人物叢書、一九六一）
原田熊雄『西園寺公と政局』第一巻（岩波書店、一九五〇）
横山健堂編『峯間鹿水伝』（峯間鹿水還暦祝賀記念刊行会、一九三三）
峰間鹿水「南北朝問題当時桂首相等に提出したる国民思想に関する意見書」（ガリ版刷私家版）
長山靖生『人はなぜ歴史を偽造するのか』（新潮社、一九九八）

第四章

渡辺正雄『日本人と近代科学――西洋への対応と課題』（岩波新書、一九七六）
加藤弘之『真政大意』（谷山楼、一八七〇）
加藤弘之『国体新説』（谷山楼、一八七四）
加藤弘之『人権新論』（谷山楼、一八八二）

加藤弘之『二百年後の吾人』(哲学書院、一八九四)
加藤弘之「道徳法律進化の理」(博文館、一九〇〇)
加藤弘之『進化学より観察したる日露の運命』(博文館、一九〇四)
加藤弘之『自然界の矛盾と進化』(金港堂、一九〇六)
加藤弘之『吾国体と基督教』(金港堂、一九〇七)
加藤弘之『迷想的宇宙観』(丙午出版社、一九〇八)
丘浅次郎『進化論講話』(開成館、一九〇四)
丘浅次郎『猿の群から共和国まで』(共立社、一九二六)
田寺寛二『人と猿』(光風館書店、一九〇六)
尾佐竹猛『維新前後に於ける立憲思想』(文化生活研究会、一九二五)
宇田友猪・和田三郎編『自由党史』上(五車楼、一九一〇)
田中浩『近代日本と自由主義』(岩波書店、一九九三)
吉田曠二『加藤弘之の研究』(大原新生社、一九七六)
長山靖生『奇想科学の冒険——近代日本を騒がせた夢想家たち』(平凡社新書、二〇〇七)
ピーター・J・ボウラー、鈴木善次ほか訳『進化思想の歴史』上・下(朝日選書、一九八七)
松本俊吉『進化という謎』(春秋社、二〇一四)
右田裕規『天皇制と進化論』(青弓社、二〇〇九)
横山利明『日本進化思想史(三)』(新永社、二〇一一)
鈴木善次『日本の優生学——その思想と運動の軌跡』(三共出版、一九八三)
鈴木善次・松原洋子・坂野徹「展望——優生学史研究の動向Ⅰ~Ⅲ」(「科学史研究」No.180、No.181、No.194、一九九二~九五)

アービング・M・クロッツ『幻の大発見――科学者たちはなぜ間違ったか』（朝日選書、一九八九）
長山靖生『千里眼事件――科学とオカルトの明治日本』（平凡社新書、二〇〇五）
吉沢賢二「小川正孝の栄光と挫折」（「化学史研究」二四号、一九九七）
吉沢賢二「東北仙台に化学を築いた人々（1） 元素発見競争の中の日本人――小川正孝」（「化学史研究」三四号、二〇〇七）

第五章

徳富猪一郎『大正の青年と帝国の前途』（民友社、一九一六）
毎日新聞社編『大正という時代』（毎日新聞社、二〇一二）
野田宇太郎『日本耽美派文学の誕生』（河出書房新社、一九七五）
石原千秋『近代という教養――文学が背負った課題』（筑摩選書、二〇一三）
峯隆『帝国劇場開幕』（中公新書、一九九六）
岡義武『山県有朋――明治日本の象徴』（岩波新書、一九五八）
野口孝一『銀座カフェー興亡史』（平凡社、二〇一八）
長山靖生『大帝没後』（新潮新書、二〇〇五）

ちくま新書
1357

帝国化《ていこくか》する日本《にほん》
——明治《めいじ》の教育《きょういく》スキャンダル

二〇一八年九月一〇日　第一刷発行

著者　長山靖生（ながやま・やすお）

発行者　喜入冬子

発行所　株式会社　筑摩書房
東京都台東区蔵前二-五-三　郵便番号一一一-八七五五
電話番号〇三-五六八七-二六〇一（代表）

装幀者　間村俊一

印刷・製本　三松堂印刷　株式会社

ISBN978-4-480-07174-3 C0221

ちくま新書

1110
若者はなぜ「決めつける」のか
――壊れゆく社会を生き抜く思考
長山靖生
すぐに決断し、行動することが求められる現在。まともな仕事がなく、「自己責任」と追い詰められ、若者が「決めつけ」に走る理不尽な時代の背景を探る。

1318
明治史講義【テーマ篇】
小林和幸編
信頼できる研究を積み重ねる実証史家の知を結集。20のテーマで明治史研究の論点を整理し、変革と跳躍の時代を最新の観点から描き直す。まったく新しい近代史入門。

1319
明治史講義【人物篇】
筒井清忠編
西郷・大久保から乃木希典まで明治史のキーパーソン22人を、気鋭の専門研究者が最新の知見をもとに徹底分析。確かな実証に基づく、信頼できる人物評伝集の決定版。

1062
日本語の近代
――はずされた漢語
今野真二
漢語と和語が深く結びついた日本語のシステムから、日清戦争を境に漢字・漢語がはずされていく。明治期の小学教材を通して日本語への人為的コントロールを追う。

1339
オカルト化する日本の教育
――江戸しぐさと親学にひそむナショナリズム
原田実
偽史・疑似科学にもとづく教育論が、教育行政に影響を与えている。欺瞞に満ちた教えはなぜ蔓延したのか。嘘がばれているのに、まかり通る背景には何があるのか。

1288
これからの日本、これからの教育
前川喜平
寺脇研
二人の元文部官僚が「加計学園」問題を再検証し、生涯学習やゆとり教育、高校無償化、夜間中学など一連の改革をめぐってとことん語り合う、希望の書！

1253
ドキュメント 日本会議
藤生明
国内最大の右派・保守運動と言われる「日本会議」。改憲勢力の枢要な位置を占め、国政にも関与してきた。謎めいたこの組織を徹底取材、その実像に鋭く迫る！